WESTEND

W0073678

KERSTEN REICH

DAS NACHHALTIGE MANIFEST

LASST UNS DEN PLANETEN RETTEN!

WESTEND

Mehr über unsere Autoren und Bücher:
www.westendverlag.de

Die Deutsche Nationalbibliothek verzeichnet diese Publikation in
der Deutschen Nationalbibliografie; detaillierte bibliografische Daten
sind im Internet über http://dnb.d-nb.de abrufbar.

ISBN: 978-3-86489-332-2
© Westend Verlag GmbH, Frankfurt/Main 2021
Umschlaggestaltung: Buchgut, Berlin
Satz: Publikations Atelier, Dreieich
Druck und Bindung: Pustet, Regensburg
Printed in Germany
Lektorat: Lea Mara Eßer

INHALT

VORWORT

Ein Gespenst geht um in der Welt – eine Bewegung, die sich einer nahenden Katastrophe in den Weg zu stellen versucht, einer Katastrophe, die das Überleben aller Menschen und allen Lebens auf der Erde gefährdet. Heute ist das Gespenst nicht mehr ein erwachendes Proletariat und der Klassenkampf, sondern eine Bewegung für Nachhaltigkeit, die der allgemeinen Gefährdung unserer Lebensverhältnisse entgegentritt. Alle Mächte der Wirtschaft, die nur an Gewinnmaximierung interessiert sind und für die ein »Weiter so« nützlicher ist, als die Kosten und Notwendigkeiten eines radikalen ökologischen Umbaus zu tragen, alle Kräfte der Politik, die sich mit einer Wirtschaft ständigen Wachstums verbündet haben und einer Wählerschaft[1] des Konsums huldigen, alle Konsumenten, die Eigennutz und Befriedigung vor deren Auswirkungen auf Natur und Umwelt stellen, sie alle haben sich bewusst oder unbewusst verbündet, durch Leugnung, Auslassung und Uminterpretation dieses Gespenst zu verjagen.

Das Nachhaltige Manifest ist eine politische Erklärung über den Stand der Dinge; über das, was die Menschen tun

---

1 Aus Gründen der besseren Lesbarkeit wird nicht durchgehend die weibliche Form verwendet, sondern abgewechselt.

müssten, um ihre Welt noch zu retten, aber bisher nicht zu tun bereit sind. Wenn wir aber nicht umgehend zu handeln beginnen und der Realität ins Auge sehen, wird unser Planet nicht mehr zu retten sein, wird der entgrenzte Mensch die Grenzen der Erde zu oft überschritten haben. Wo ist die Opposition, die sich nicht nur freitags vor Schulen trifft, die nicht nur auf Konferenzen den Klimawandel beklagt, die nicht nur ständig neue Debatten darüber führt, was man für mehr Nachhaltigkeit alles tun müsste, sondern die die schädigenden Verursacher klar benennt und zugleich die eigene Verantwortung nicht übergeht? Wo ist die Gegenwehr der Nachhaltigen, die begriffen haben, dass sich durch wissenschaftliche Forschung die Folgen des Klimawandels, des Artensterbens, die Auswirkungen des Ressourcenabbaus auf die Zukunft, die Verschlechterung unserer Luft und unseres Wassers und auch die Ungerechtigkeit der Kosten- und Lastenverteilung der Folgen fehlender Nachhaltigkeit klar darstellen lassen? Die wissen, dass gerade in den Wahrscheinlichkeiten, die die Wissenschaften berechnen und darstellen können, die Möglichkeit für eine neue Politik der »Wahrheit« liegt, die sie der Dummheit und der Kurzsichtigkeit, der Profitgier nach rücksichtslosen Gewinnen für unser aller zukünftiges Überleben entgegensetzen können? Wie kann dieses Wissen zu einer Kraft von Veränderungen werden?

Das Nachhaltige Manifest spiegelt meine umfassenden Recherchen als Lernforscher und Kulturtheoretiker, der sich seit mehr als 50 Jahren mit dem Verhalten von Menschen in möglichst ganzheitlicher Weise beschäftigt hat und die Frage zu beantworten sucht, warum Menschen, auch wenn ihnen eine Katastrophe klar vor Augen steht, noch zu wenig dazu in der Lage sind, umgehend gemeinsam einzuschreiten. Hat unser Lernen, von dem wir uns oft einbilden, dass es uns immer Erfolg gebracht hat, versagt?

Dieses Manifest kommt wahrscheinlich einerseits zu früh, weil die meisten Menschen zu wenig darauf vorbereitet sind, wirklich radikale Schritte für mehr Nachhaltigkeit zu gehen. Alle Maßnahmen bedeuten grundlegende Verhaltensänderungen, meistens Verzicht, und ein solcher kommt immer zu früh. Es ist zudem gegenwärtig schwer vorstellbar, dass sich Nationen mehrheitlich umfassend auf Nachhaltigkeit einigen, anstatt immer nur eine neue Agenda zu verkünden, die dann nur halbherzig verfolgt wird, weil solche Entscheidungen Wählerstimmen kosten könnten. Grundsätzlich ist es schwer denkbar, dass sich die gesamte Menschheit schnell einigt und verpflichtet – denn das hat sie noch nie geschafft. Dieses Manifest kommt in anderer Hinsicht zu spät, weil viele Grenzen der Erde bereits überschritten sind und noch keine Mehrheiten für eine radikale Wende streiten. Es *ist* bereits spät, aber noch nicht *zu spät*: Nachhaltige dieser Welt, vereinigt euch, lasst uns gemeinsam den Planeten retten!

Aufbau des Manifests

Ich werde in drei Schritten vorgehen: Zunächst sollen wichtige Fakten der Krise zusammenfassend genannt werden, um die Lage klar vor Augen zu bringen. In einem zweiten Teil möchte ich die Ursprünge heutiger Denk- und Handlungsmuster aufzeigen: Unser Verhalten kommt aus alten Zeiten, das früher oftmals zum Erfolg führte, aber heute nicht mehr zu den Umständen passt.[2] Ein Blick in die Menschengeschichte kann helfen, klarzumachen: Wir leben in einer neuen Zeit und müssen uns neu denken lernen! Im dritten und umfangreichsten Teil sollen Konsequenzen gezogen werden: Was müssen wir tun? Wie ist unser Planet noch zu retten?

---

2 Im Manifest wird auf Literaturangaben und breitere wissenschaftliche Begründungen mit Nachweisen verzichtet. Diese lassen sich etwa in der umfassenden Darstellung von Kersten Reich: *Der entgrenzte Mensch und die Grenzen der Erde*, 2 Bände, Westend Verlag 2021, finden. Zum Anhören der Meinungen anderer sei außerdem mein Podcast *reich & nachhaltig* empfohlen.

I AUSGANGSLAGE: WAS SIND DIE FAKTEN DER KRISE?

In der Geschichte aller bisherigen Gesellschaften sollte Nachhaltigkeit in erster Linie ökonomischen, sozialen, politischen und kulturellen Zwecken dienen und von Generation zu Generation weitergeführt werden. Der Mensch war in diesem Sinne seiner ureigenen Nachhaltigkeit erfolgreich: Er beutete natürliche Ressourcen aus, produzierte Treibhausgase und prägte nach und nach seinen Lebensstil der gesamten Welt auf. Heute bringt seine Verweigerung, hinreichend die Verantwortung für die eigenen Hinterlassenschaften auf dem Planeten zu übernehmen, den Planeten und die Menschheit an die Grenze ihrer Existenz, beraubt die Menschen der Möglichkeit, den Kindern eine Welt zu hinterlassen, die Chancen auf ein Leben wie bisher eröffnet.

Folgende Krisenfakten werden in der Nachhaltigkeitsforschung immer wieder genannt:

Bevölkerungswachstum: Die Bevölkerungszahlen nehmen stetig zu – von 1,65 Milliarden 1900 auf 7,8 Milliarden heute.

Ungleichheit: Arme und Reiche sind überall gespalten, und diese Spaltung nimmt ständig zu. Das Wohlstandniveau

in den reichen Ländern und die daraus folgenden Umweltbelastungen steigen kontinuierlich an, während der größte
Teil der Menschheit in Armut ums Überleben kämpft.

Ressourcenknappheit: Der massive Ressourcenabbau
nicht-regenerativer Rohstoffe wird in kurzer Zeit zu Be-
schränkungen in der Industrieproduktion führen, die nicht
mehr allein durch Erfindungen und extreme Abbauformen
kompensiert werden können. Die Rohstoffe werden knapp
und teuer. Der massenhafte Anbau von Monokulturen und
die Degradierung von Böden führen zu Überdüngung,
Verschlechterung der Bodenqualität, insgesamt zu einer
Überlastung der Erde, die so an die Grenzen des Wachstums kommt. Wissenschaftliche Prognosen sagen sehr klar,
dass im 21. Jahrhundert deshalb sowohl die Bevölkerung
zurückgehen als auch der Hunger und die Verelendung
vieler Menschen zunehmen werden. Konflikte und Kriege
werden wahrscheinlich anwachsen.

Treibhausgase: Die Zunahme an Treibhausgasen führt
zu einem Klimawandel, dessen Folgen immer deutlicher
werden: eine erhöhte Durchschnittstemperatur mit Tem-
peratur- und Wetterextremen, Eisschmelze, steigendem
Meeresspiegel. So wie das Klima mehr ist als das aktuelle
Wetter, so ist die Nachhaltigkeitskrise auch mehr als die
Klimakrise, auf die sich heute vor allem der Blick der reichen Länder richtet.

Die große Beschleunigung: Überschwemmungen,
Stürme, Dürren, Erdbeben und der Einschlag kosmischer
Körper haben die Menschheit schon immer bedroht, aber
die neue und größte Bedrohung ist heute der Mensch selbst
geworden. Dabei treten die nachfolgend genannten Fakto-

ren in großer Beschleunigung auf, denn die Menschheit wirkt auf allen Ebenen – individuell, wirtschaftlich und politisch – an einer gemeinsamen Agenda: Die seit der Industrialisierung stetig zunehmende Produktion von Treibhausgasen durch fossile Energien, der Umbau des ökologischen Systems zum eigenen rücksichtslosen Nutzen, die Parzellierung der Welt in Privateigentum, das Setzen von Zäunen, Begrenzungen und harten Grenzen an allen Orten, eine grundlegende Gedankenlosigkeit bei der Vernichtung ökologischer Balancen und in der Verschmutzung und Vergiftung der Welt, all diese Faktoren wirken zusammen und haben negative ökologische Auswirkungen. Eine davon ist das Artensterben, das am Ende auch vor der Gattung Mensch nicht haltmachen wird. Der Rückbau natürlicher Systeme, die umfassenden schädigenden Eingriffe in die natürlichen Kreisläufe, die Verschmutzung und Verschwendung des Wassers und der Luft, die grenzenlose Vermüllung, dies alles zeigt, dass unsere Lebensweise die Grenzen der Erde erreicht hat. Zudem erzeugt diese neben schon bestehenden sozialen Ungerechtigkeiten weitere, denn je nach Ortslage variieren die Verschlechterungen der Lebensverhältnisse, die den armen Teil der Menschheit härter als den reichen trifft.

> Anthropozän meint mehr als
> menschengemachten Klimawandel

Als Anthropozän wird die Epoche bezeichnet, in der die Menschheit zum wichtigsten Einflussfaktor auf die geologischen, biologischen und atmosphärischen Prozesse auf der Erde geworden ist. Der Klimawandel ist dabei stark in den Vordergrund der Debatten um Nachhaltigkeit getreten. Im Klimawandel wird deutlich, dass die regulierenden und regenerierenden Kräfte der Natur ins Ungleichgewicht geraten, Wälder sterben ab oder werden abgeholzt, obwohl doch gerade sie den Treibhauseffekt mildern könnten. Vor allem durch ein gewaltiges Aufforstungsprogramm wäre es heute noch möglich, eine Umkehr herbeizuführen. Das größte Hindernis ist jedoch, dass der weltweite Allgemeinbesitz an Wäldern längst in Privateigentum umgewandelt worden ist, deren Besitzerinnen sich nur schwer auf Nachhaltigkeit verpflichten lassen, weil es ja vor allem Gewinne abwerfen soll. Die Biomasse kann sich zwar erneuern, wie es in der Natur geschieht, aber die Gewinnabsichten des Menschen richten sich auf schnelle Gewinne durch hohe Ausbeutung. So schwinden die Reinheit des Wassers und die Bodenfruchtbarkeit durch Überdüngung. Zudem nehmen die Massentierhaltung, die Abholzung der Wälder, die Verdichtung von Flächen und Böden und andere Faktoren zu und beeinflussen die Entwicklung zunehmend negativ. Dagegen stehen Technologien der Regeneration und einer umweltschonenden Produktion, die den negativen Trend nur mildern, aber bisher nicht umkehren können. Die Klimaziele, die wir heute verfehlen, werden uns über Jahrhunderte begleiten.

Neben dem Klimawandel sind der Ressourcenabbau nicht regenerierbarer Rohstoffe, die Vergiftung und Vermüllung der Welt, das Artensterben, die Verdichtung und Versiegelung der Erde ebenso wie eine gewaltige Aufrüstung mit zerstörerischen Waffen Faktoren der Nachhaltigkeitskrise, die jeder für sich schon eine immense Gefahr für das Überleben bedeuten, die aber zusammengenommen erst die wirkliche Breite der Herausforderung zeigen.

> ## Nachhaltigkeit geht nur generationenübergreifend

Menschen denken bevorzugt in *linearen* Kurven, weil sie so ihren ständig steigenden Wohlstand am besten abbilden können. Es fällt ihnen schwer, sich *exponentielle* Kurven vorzustellen, wenn sie – wie beispielsweise in einer Pandemie oder in Bezug auf den Klimawandel – mit sich verdoppelnden Zahlen oder mit Kipp-Effekten rechnen müssen. Die menschliche Wahrnehmung und Gefahreneinschätzung sind eher kurzfristig und kurzsichtig orientiert: Ein langfristiges Denken und Handeln, das generationenübergreifend ist, war in der bisherigen menschlichen Geschichte immer die Ausnahme und nicht die Regel.

Dies lässt sich an einem Beispiel zeigen: Wie stark der ständig steigende CO_2-Ausstoß gebremst werden müsste, um die heute gesetzten Klimaziele zur Eindämmung des Klimawandels zu erreichen, veranschaulichen viele Modellberechnungen. Klimaforschende geben uns acht bis zwölf Jahre, um den in die Katastrophe führenden Pfad noch rechtzeitig zu verlassen. Sollte der gegenwärtige Anstieg weiter anhalten, sind Szenarien mit mindestens drei Grad höherer Durchschnittstemperatur weltweit in den nächsten Jahrzehnten zu erwarten. Gegenwärtig sind wir auf einem Pfad, der eher für sechs oder acht Grad spricht, was das Ende der Welt, wie wir sie kennen, bedeuten würde. Bereits das Zwei-Grad-Ziel ist kaum noch zu erreichen, obwohl es gegenwärtig weltweit als anerkannter Wert auf den Klimakonferenzen und in den Massenmedien proklamiert wird. Wenn heute von einer Begrenzung auf etwa zwei Grad als realistisches Ziel gesprochen wird, dann bedeutet dies, dass zu der ohnehin vorhandenen Temperatur, die an manchen Orten bereits bei 1,5 Grad liegt, noch eine Erhöhung hinzukommt, zwei Grad also eine *weitere* Vermehrung meint. Dabei ist der gegenwärtige Zustand schon ein Zuviel, und ehrlicherweise müsste es um Maßnahmen der strikten Begrenzung eines weiteren Zuwachses gehen. Es muss zudem bedacht werden, dass das Sinken der Treibhausgase einen sehr langen Zeitraum benötigt, sodass selbst ein radikaler Stopp nur den erreichten und schon schlechten Zustand erhält.

Die Klimaziele sind deshalb schwer umsetzbar, weil sie unserer kapitalistischen Lebensweise widersprechen. Nachhaltig zu denken und mehr noch zu handeln, ist der unmittelbare Gegensatz zu all dem, worauf unser Handeln im alltäglichen Leben gerichtet ist: Wohlstand, Genuss, Befriedigung, das sind die Begriffe, die heute mit Leben, Zufriedenheit und Glück verbunden werden. Beschränkung, Verzicht, Bevormundung, Verbote oder Abgaben für nachhaltige Zwecke werden hingegen mit Zwang, Unterdrückung und Ungerechtigkeit assoziiert. Wenn das Bundesverfassungsgericht das Klimapaket der Bundesregierung von 2019 für verfassungswidrig hält, weil es der jüngeren Generation alle Lasten in ihrer Zukunft nach 2030 auferlegt, um diese für die Gegenwart zu vermeiden, drückt dies aus, dass in der Justiz mehr Verständnis für eine Generationengerechtigkeit herrscht als in der Politik. Das Urteil gibt

Hoffnung, dass verantwortliche Menschen bereit sind, aus Fakten zu lernen. Vor dem Hintergrund solcher Einsicht erscheint in der Politik die Aussage, dass die Nachhaltigkeit vor allem sozial verträglich umgesetzt werden muss, auch eher als Überlebensstrategie der regierenden politischen Parteien. Man wagt es nicht, die Wahrheit auszusprechen: Ein Weiter-so kann es nicht geben. Der Planet benötigt ein Handeln, das konsequent an die Wurzeln der Fehlentscheidungen geht. Ein grundlegendes Umdenken in der Nachhaltigkeit ist unumgänglich!

II URSACHEN: WIE SIND WIR IN DIE KRISE GERATEN?

Warum ist fehlende Nachhaltigkeit so tief im menschlichen Verhalten verankert?

Bereits in den frühen Hochkulturen hat eine Individualisierung der menschlichen Tätigkeiten stattgefunden, die mit einem Überfluss an Produkten zum Leben eingesetzt hat. Sobald die Menschen sich in ihrem Wohlstand unterschieden, hat das Ego begonnen, seine Vorteile zu suchen, seinen Besitz, seine Sicherheit, seine bevorrechtigte Sexualität und Nachkommenschaft, seinen Status gegen andere durchzusetzen. Ihm sind alle Mittel recht, sich das zu beschaffen, was hierfür nötig ist. Im Überlebenskampf haben sich Konkurrenzmuster ausgeprägt. In der Zivilisation wirken sie fort. Schlechte moralische Vorbilder und eine zu wenig begrenzende Erziehung im Sinne eines Gemeinwohls befördern diese Seite gegen alle anderen. Die Nachhaltigkeitskrise als Ausdruck eines entgrenzten, maßlosen und rücksichtslosen Lebensstils gegen andere Menschen und die Natur ist das Resultat einer langen Geschichte.

Auf der anderen Seite werden aber die Begierden auch durch das soziale Zusammenleben gebremst, durch Kooperation und Kommunikation so geformt, dass nicht reines Chaos, Willkür und Übergriffe dominieren. Eine Mäßigung der Lüste, eine Besonnenheit, die durch Erziehungs- und Regierungsmaßnahmen und in neuerer Zeit durch eine Politik des sozialen Ausgleichs hervorgebracht wird, gelten als Voraussetzung für menschliches Zusammenleben, dafür, die Gemeinschaft und die anderen zu achten, niemandem etwas anzutun, was man selbst nicht erfahren will.

In diesem Spannungsfeld hat mit dem Kapitalismus ein Zeitalter der Individualisierung begonnen, das die persönlichen Vorteile stark betont. Die immer wieder beschworenen Leistungen der erfolgreichen Menschen und Nationen lauten: Eigeninitiative, Wagemut, Durchhaltevermögen, Kraft, Macht- und Expansionsstreben, um den Reichtum zu vergrößern – hier kann dann auch etwas für alle abfallen –, Stolz auf Leistungen, auf Erreichtes, auf Errungenschaften – lokal und national –, Wohlstand und Überfluss, was Künste und Ästhetik, Architektur, Wissenschaft und Akademien antreiben kann. Vor allem aber und immer wieder: der Mut zum Handeln und zum Machen. Der erreichte Wohlstand einer Nation wird auch mit der Kraft seiner Durchsetzungsfähigkeit gegen andere Länder, Menschen und dem Planeten in Verbindung gebracht. Dies bildet soziale und nationale Zugehörigkeiten, die sich durch das Feiern der eigenen Großartigkeit bilden können, um in der Herabsetzung anderer eigene Schwächen übersehen zu lassen. Die meist unhinterfragten Vorteile haben sich heute in Risiken für den Planeten verwandelt.

Die Nachteile für die weniger erfolgreichen Menschen sind ebenfalls wiederkehrend: Wenige profitieren besonders, andere werden abgehängt, ausgebeutet, müssen in Kriege ziehen, werden als Erste geopfert und immer wieder als faul, bequem, unwert, feige, arm, oder anders diskriminiert. Sie sind zwar zugehörig, aber unbedeutend. Man tröstete sie früher, als »Volk« bedeutsam zu sein. Sie nehmen weniger direkt am Fortschritt teil, sind aber dennoch Teil der von allen Seiten propagierten Fortschrittsgeschichte.

Heute, da die Ressourcen der Erde dynamisch ausgebeutet worden sind, das Klima heißer und das Wasser verschmutzter wird, das Land knapper und die Wohnungen teurer, die Arbeit und der Wohlstand angesichts einer Vielfalt von Umweltproblemen und sozialen Widersprüchen unsicherer werden, müssen wir neue Rechnungen aufstellen.

Gesellschaften, das ist im Lauf der menschlichen Geschichte sehr klar geworden, müssen ihren Erfolg immer an veränderte Bedingungen anpassen, die entweder von außen oder aus ihrer inneren Entwicklung kommen. Sie müssen ihre eigene Nachhaltigkeit thematisieren können. Schaffen sie dies nicht, dann sind sie über kurz oder lang dem Untergang geweiht, weil sie zwar über Widersprüche von außen oder von innen diskutieren mögen, aber sie nur dann auflösen können, wenn sie sich konsequent verändern und ihr Verhalten an die Herausforderungen ihrer Umwelt anpassen.

Die nicht-nachhaltige Agenda des Abendlandes

Europa als Wiege des Kapitalismus hat diesen in die Welt hinausgetragen. Dabei ist ein Weltbild entstanden, das heute sehr viele Menschen übernommen haben. Die Haltung dahinter wurde sehr klar von Niccolò Machiavelli formuliert und sie ist recht einfach: Es gibt keinen ewigen Staat, keine ewigen Mauern oder haltbare Grenzen, alles ist durch den Kampf aller gegen alle bestimmt. Jede Ideologie, die uns die Welt erklären will, ist bloß ein Instrument dieses Kampfes. Alle Handlungen sind – unabhängig von ihrer Rechtfertigung – immer Kampfansagen: erst handeln, dann rechtfertigen. Lügen, Verbrechen allerlei Art, werden nach folgenden Mustern gebildet: Tue es nicht, wenn die Übermacht zu groß ist. Ist sie nicht zu groß, dann tue es und entschuldige dich. Wenn es gar nicht anders geht, tue es und leugne die Tat. In jedem Falle: Tue es und bereue es nicht, denn was du nicht tust, das tut ein anderer.

Schauen wir auf den Kampf um Nachhaltigkeit, dann scheinen besonders Umweltsünden nach dem Muster von Machiavelli gut erklärbar zu sein. Nehmen wir das Beispiel Glyphosat bei Monsanto oder heute Bayer: Spritze das Gift nicht, wenn die Regulierungen zu stark werden oder hohe Geldstrafen dich dazu zwingen. Rechtfertige dich durch Pseudo-Wissenschaftler, die alles leugnen. Oder, wenn das nicht hilft, entschuldige dich durch Entschädigungen, die du zugleich für unberechtigt erklärst. Leugne den Schaden und mache einfach weiter – denn, wenn du es nicht tust, tut es ein anderer.

Vielen mag Machiavelli zu einfach sein. Aber mitunter ist es notwendig, zu vereinfachen, um sich einen Überblick zu verschaffen und den Fokus auf existenzielle Fragen zu richten. Der Staat oder die Herrschaft müssen im heutigen Kapitalismus nicht nach begründeten Werten gerecht sein, sondern sie werden am Nutzen und den Gewinnen gemessen. Die Gewinne reichen aus, wenn sie bei besonders einflussreichen Menschen ankommen, die Meinungen beeinflussen können. Es wirkt somit eine Macht des Faktischen: In der kapitalistischen Wirklichkeit wird Gewalt nicht nach Gut und Böse geschieden, sondern vorrangig nach Erfolg und Nützlichkeit – gemessen in der Höhe des Geldbesitzes,

Die neu entstehenden Märkte der bürgerlichen Gesellschaft, die den Wert des Menschen durch den Preis bestimmen, den er auf diesen Märkten erzielen kann, zwingen alle in eine stillschweigende Übereinkunft. In der Demokratie wird der Staat mit seinen Organen akzeptiert, da er im Gegenzug einen Rahmen für Freiheit schafft: Wahlfreiheit, Meinungsfreiheit, Freiheit der Selbstverwirklichung, Konsumfreiheit. Nur ist die Kehrseite dieser Freiheit stets das Geld, das jemand aufbringen muss, um sich seine Freiheiten zu leisten. Deshalb ist der Grad der ausgeübten Macht und die Chance zu freiheitlichen Rechten sehr unterschiedlich durch den Besitz von Geld in der Welt verteilt.

Geld allein garantiert die Freiheit auch nicht unbegrenzt. In Diktaturen werden den Menschen die Meinungsfreiheit und freie Wahlen genommen. In despotischen Regimen wie in China und Russland oder der Türkei werden die Menschenrechte eingeschränkt und die Freiheiten beschnitten. Und damit auch die Chancen, sich frei und uneingeschränkt für Nachhaltigkeit einsetzen zu können.

Wachstum, Macht, Geld

Was Wohlstand und Wachstum betrifft, so profitieren zunächst stets die Bessergestellten, aber in den Wohlstandsländern können immer mehr Menschen teilhaben. Wohlstand und Wachstum haben in den letzten Jahrzehnten stetig zugenommen, die Auswirkungen dieser Entwicklungen drücken sich im wachsenden negativen Fußabdruck besonders der reichen Länder aus. Die Staaten, die am nationalen Wirtschaftswachstum interessiert sind, übersehen gern die Folgen für die fehlende Nachhaltigkeit, weil Wachstum als immer funktionierende Währung des Fortschritts angesehen wird und jeder Verzicht diesen bedroht. Wachstum beschleunigt alle Produktions- und Lebensprozesse, wobei die Ökosysteme nicht geschützt werden, weil sie Kosten verursachen, Gewinne schmälern und nicht selbst zum Wachstum beitragen.

Die Denk- und Vorstellungsfalle, in der wir im Hinblick auf Nachhaltigkeit sitzen, besteht in einer vom Geld bestimmten Welt vor allem in unserem Wunsch nach Wohlstand und individueller Absicherung, und in der Vorstellung einer Wirtschaft, die unendlichen Konsum ermöglicht. Sie wird begleitet von einem Staat, der dies antreibt und gleichzeitig national schützt. Viele Menschen glauben, dass es innerhalb einer Anarchie der Märkte richtig sei, egoistisch zu handeln, wobei sie gleichzeitig hoffen, dass die Wirtschaft und der Staat sie im Zweifel vor allen Risiken schützen werden.

Um diese vermeintlich schützenden Systeme zu stärken, wird dann dem wirtschaftlichen Wachstum meist Priorität vor der sozialen Frage eingeräumt, die heute konfliktreich auch die reichen Länder noch betrifft. Hinzu kommt als Erbschaft der Zivilgesellschaften, dass ihnen die Natur und Umwelt als unendlich groß und deshalb endlos nutzbar erscheinen – als fähig, alle menschlichen Ansprüche zu verkraften.

Liberalismus als entgrenzte Lebensweise

Wissenschaft, Technik und vor allem Wirtschaft folgen bis heute einer liberalen Vorstellung. Der Staat erscheint als Sachwalter eines gemeinsamen Interesses, als Sachwalter von Infrastrukturen, die alles in Gang halten sollen. Der wissenschaftlich-technische Fortschritt in kapitalistischer Produktion benötigt ungeheure Ressourcen, verbraucht Energien und erzeugt Abfallprodukte, deren Ausmaß und Folgewirkungen hingenommen werden, weil der Fortschritt notwendig und zudem allen zu dienen scheint. Die Wirtschaft drängt nach allem, woraus sich Profite schlagen lassen. Diese Herangehensweise ist nie langfristig ausgelegt, sie wird stets am kurzfristigen Erfolg, also an Gewinnen gemessen. Meist fehlt es an einem Sinn für die Folgen, die etwa die Gesundheit betreffen oder die erst spätere Generationen als Umweltfolgen zu tragen haben. Wenn später Rohstoffe fehlen, dann ist dies nicht unser Problem. Der Staat soll vor allem einen Wohlstand für möglichst viele im Hier und Jetzt organisieren.

Historisch sichert er zunächst als Nationalstaat durch Konflikte und Kriege die Vorrechte der erfolgreichen Nationen, später agiert er durch seine Wirtschaftskraft und seinen politischen und militärischen Einfluss. Der auf den Märkten produzierte und verkaufte Überfluss gilt als Kennzeichen für einen erfolgreichen Staat.

Durch dieses unablässige Streben verlieren die Menschen zunehmend die Idee eines größeren Sinns des Lebens, der jenseits von Wohlstandsvermehrung und Konsumgütern zu denken wäre. Sie konzentrieren sich vorrangig auf das Machbare: Die Eroberung jener Ressourcen, die die stetig zunehmenden Bedürfnisse stillen können und immer neue erzeugen und einen unstillbaren Hunger nach Macht gegenüber allem auslösen, was eine hohe Ausbeute für egoistische Motive verspricht. Dem liberalen Staat bleibt nur die Aufgabe, eine übergroße Gier, zu hohe Kriminalität, das Nichteinhalten von Verträgen, die Verletzung von Rechts- und Vertragsverhältnissen und die Gefährdung des Privateigentums zu verhindern. Eigentlich müsste auch die Nachhaltigkeit heute Teil dieses Programms sein, aber sie ist als allgemeine Gefährdung der Menschheit wie ihrer Besitztümer noch nicht im Bewusstsein der Mehrheiten angekommen.

> ## Die Ungleichheit der Menschen wird immer größer

Die Wahrnehmung der Menschen ist immer durch das System beeinflusst, in dem sie leben: Der Kapitalismus hat sich weltweit durchgesetzt, Alternativen sind kaum vorstellbar. Überall herrscht eine liberale Wirtschafts- und Eigentumsauffassung, die Menschen in unvorstellbare und weiterwachsende Ungleichheit getrieben hat. Heute arbeiten gar demokratische und despotische Länder zusammen, wodurch die Demokratien über die Märkte eben diese Despotien stärken, die sie doch im Grunde verachten müssten. Und ein zweiter Widerspruch erscheint: Die Spaltung zwischen Arm und Reich wird in allen Ländern immer größer, ebenso wachsen die Unterschiede zwischen den reichen und den armen Ländern.

Das jeweilige Wohlstandsgefälle wie auch der unterschiedliche Lebensstandard gelten vor allem den Bessergestellten als natürlich. Warum sollten auch diejenigen, die mehr als andere haben, an der Richtigkeit der Ungleichheit zweifeln wollen? Dieses Phänomen wird gern schöngeredet: Es wird behauptet, das Eigeninteresse treibe die Menschen an, zum allgemeinen Wohlstand beizutragen. Liberalismus als ältere und Neoliberalismus als neuere Ideologie des wirtschaftlichen Handelns sind in besonderem Maße auf diese Annahme angewiesen und setzen auf ein Misstrauen gegenüber staatlichen Eingriffen der Regulierung im Sinne eines Allgemeinwohls. Jedes Mal, wenn eine stärkere Besteuerung, eine Begrenzung von Profitgier, Umweltschäden oder andere soziale oder nachhaltige Forderungen gestellt werden, ertönen liberale Stimmen, die an die kapitalistischen Grundsätze erinnern und diese als einzige Lösung darstellen. Die Grundidee ist einfach und leicht zu erkennen: Das Eigentum, das stetig vermehrt wird, ist die Sonne, die den Kern aller selektiven Interessen bildet, um die alle Planeten menschlicher Wünsche in einer naturgesetzlich scheinenden Ordnung ständigen Wachstums kreisen sollen.

Der Untergang des Allgemeinbesitzes

Der Gesellschaftsvertrag, ob wir ihn uns bewusst machen oder einfach nur leben, besagt, dass Menschen zur Sicherung und Steigerung ihres Eigentums alles tun sollen, was ihr Eigentum mehrt, was durch Eroberungs- und Verteilungskämpfe erreichbar ist, ganz gleich, was es andere kostet oder wie es dem Planeten schadet. Das Eigentum begründet die Ungleichheit. Es geht zudem auch immer mit Unfreiheit einher, denn sobald ich etwas besitze, gehört es *mir*, und also nicht mehr den anderen. Ich sage dann in diesem Sinne: »Hier, an diesem Zaun, endet deine Freiheit! Betreten verboten!« Aus Sicht des Besitzes verengt sich die Perspektive immer weiter, da von nun an Kosten und Schaden am eigenen Besitz vermieden werden sollen. Solange nicht unmittelbare Katastrophen den eigenen Besitz gefährden, werden Gefahren für das Allgemeinwohl gern vergessen. Die liberale Denkweise und die auf Wachstum programmierten Denkmuster sind Antriebe, die die Welt nur noch für den eigenen Nutzen gestalten wollen. Ständiges Wachstum wird mit der Selbsterhaltung des Menschen gleichgesetzt. Ökonomie und Politik eignen sich besonders gut, um alternativlose Erzählungen hierüber zu verbreiten.

Wenn die Demokratie, die auf Gewaltenteilung basiert, heute von vielen als die beste Verfassung der Menschheit betont wird, so ist immer mitzubedenken, dass Privateigentum von Anfang an ungleich verteilt war. Die darin steckende Ungleichheit wird mit der Wohlstands- und Überflussgesellschaft seit der Mitte des 20. Jahrhunderts in den reichen Industrieländern zwar durch eine Zunahme des relativen Reichtums vieler Menschen kompensiert, der bedeutet, dass einige zwar immer mehr besitzen, aber der Masse zumindest auch ein gewisser Lebensstandard ermöglicht wird. Die Kosten der Nachhaltigkeit müssen aber *alle* Menschen tragen. Die Schäden, die heute durch Kostenvermeidung in allen Bereichen für die Umwelt und Natur, die Gesundheit und Belastung der Bevölkerung entstehen, werden angesichts der liberalen Wirtschaftsauffassung nicht in erster Linie von den Urhebern beglichen, sondern der Menschheit als Ganzer aufgelastet. Die Menschen werden mit dem ewigen Mantra des Kapitalismus getröstet, dass die Profite aus der Gewinnmaximierung auch für die Allgemeinheit mehr Wohlstand bringen.

Heute sind die Rechte verteilt und in umfassenden Gesetzen festgehalten, das Eigentum ist geregelt, eine Gesellschaft durchgehender Gewinnmaximierung ist konstruiert. Es ist eine Vorstellungs- und Denkwelt, die den Schnäppchenjäger bis hin zur Managerin im Konzern mit Shareholder Value miteinbezieht, wobei allen stets nur der eigene Gewinn vor Augen steht. Innerhalb dieser liberalen Logik werden drei Forderungen eindringlich verweigert, weil sie Kosten ohne direkten, sichtbaren Nutzen für die Besitzenden bedeuten würden:

Einerseits sollen im Liberalismus die unteren Klassen durch eine ausgeprägte soziale Sicherung nur so weit geschützt werden, wie es unbedingt notwendig ist. So sollen Forderungen nach mehr sozialer Gerechtigkeit oder Unruhen vermieden werden, da die Kosten für einen solchen Schutz etwa durch höhere Löhne, Firmenbeteiligungen,

Gesundheitsvorsorge von den eigenen Gewinnen abgehen würden.

Andererseits soll auch der Schutz der Natur oder Umwelt vermieden werden, weil hier ebenfalls Kosten aufzubringen sind, die die eigenen Gewinne schmälern. Wenn überhaupt, dann sollen alle Menschen diese Lasten gleich tragen, damit die Gewinne erhalten bleiben; im Gleichheitsgrundsatz folgt die Politik willentlich diesem Anspruch.

Schließlich wurde die Idee des Allgemeinbesitzes, einer Allmende oder von Flächen, die allen gemeinsam gehören, immer mehr aufgegeben. Selten wird der Park des reichen Fabrikbesitzers der Öffentlichkeit zugänglich gemacht, in der Regel fehlt den Menschen ein frei zugänglicher Raum in ihrer Umgebung, was die sozialen Unterschiede verschärft. Grün muss man sich leisten können.

Wie wird fehlende Nachhaltigkeit begünstigt?

Vor dem Hintergrund der eben vereinfachend beschriebenen Ausgangslage gibt es etliche Faktoren, die eine fehlende Nachhaltigkeit begünstigen. Es handelt sich um Aspekte, die alle dynamisch ineinandergreifen.

Die Kraft des Egoismus

Die menschliche Fähigkeit, materiellen Wohlstand zu erreichen, hat im Laufe der Geschichte stetig zugenommen.

Dieser Wohlstand und die damit einhergehende Sicherheit wollen die Besitzenden behalten, steigern und verteidigen. Gegen Forderungen nach Mäßigung oder Verzicht entstehen deshalb bei ihnen schnell Abwehrreaktionen, um die eigenen Ansichten zu schützen: Wenn es mir gut geht, wenn ich Eigentum besitze, eine Wohnung oder ein Haus, vielleicht sogar einen schönen Garten, den ich regelmäßig bewässere, wenn die Geschäfte laufen, wenn ich also rundum zufrieden bin, warum sollte ich dann irgendetwas an meinem Leben ändern? Mein Widerstand wächst sofort, wenn mir etwas genommen werden soll, ich begehre auf, wenn ich das Wasser für meinen Garten nicht mehr durchgehend bekomme – ich zahle ja dafür –, ich sehe es überhaupt nicht ein, dass mein Auto, mein Boot, meine Reisen, mein Fleisch und all das, was ich am Leben im Überfluss schätze, nun auf einmal reguliert, begrenzt, bepreist werden soll. Haben die Menschen nicht Jahrhunderte für diese ihre Freiheit gekämpft, soll ich sie jetzt einfach wehrlos hergeben?

Die Ökolasten des Reichtums

Von 1990 bis 2015 haben die reichsten zehn Prozent der Weltbevölkerung mehr als doppelt so viele klimaschädliche Kohlendioxid-Emissionen in die Luft geblasen wie die ärmere Hälfte der Menschheit zusammen. Ein Prozent der Reichen produziert 15 Prozent der Treibhausgase, die ärmere Hälfte der Menschheit gerade einmal sieben Prozent. Die Bessergestellten zeigen einen deutlich negativeren Fußabdruck als die Armen. Hinzu kommt, dass die Reichen mit ihren SUVs, Flugreisen und den vielen Quadratmetern, die sie zum Wohnen benötigen, verstärkt zum Vorbild für einkommensschwächere Schichten geworden sind. Alle drängen in den Überfluss.

In Deutschland sind laut Oxfam die reichsten zehn Prozent, also etwa 8,3 Millionen Menschen, für 26 Prozent der deutschen CO_2-Emissionen von 1990 bis 2015 verantwortlich. Über 41,5 Millionen Menschen, also fünf Mal so viele, haben mit 29 Prozent fast ähnlich viel verbraucht, also im Vergleich eine deutlich bessere Ökobilanz. Aber im Vergleich zu armen Ländern ist auch diese Gruppe nicht vorbildlich. Die reichen Länder erzeugen höhere Ökolasten. Warum reguliert der Staat an dieser Stelle nicht? Warum wird hier nicht bepreist und besteuert? Weil in der Politik zu viele Nicht-Nachhaltige sind? Weil es in der Wählerschaft zu viele Nicht-Nachhaltige gibt, die solche Entscheidungen bei Wahlen abstrafen würden?

Ungerechterweise sollen aber, wenn es ans Bezahlen geht, alle gleich belastet werden. Der Gleichheitsgrundsatz wird in der Demokratie gern immer dann angeführt, wenn es um die Verteilung der Kosten geht, um die ungleichen Gewinne nicht zu schmälern. Dann geschieht, was sich bei der Energieumlage gezeigt hat: dass die Konsumenten über den Strompreis den Nachlass für die Industrie mitbezahlen müssen. Das ist eine Wirtschaftspolitik, die die Verursacher ent- und die Allgemeinheit belastet. Das ist eine Politik der Nicht-Nachhaltigen für die Verursacher fehlender Nachhaltigkeit.

Nachhaltigkeit ist nicht einklagbar

Obwohl einige Verantwortliche klar benannt werden können, ist die Frage nach den Verursachern fehlender Nachhaltigkeit oftmals schwer genau zu klären: In einem Zeitalter der Individualisierung hinterlässt jeder einen
Fußabdruck in dieser Welt, der mehr oder minder schädlich ausfällt. Aber die Individuen sind immer Teil einer sozialen Gruppe, einer Gemeinschaft auf lokaler Ebene, einer Kommune, die mehr oder weniger für Nachhaltigkeit
einsteht. Sie sind Teil eines Landes, einer Nation, die Gesetze für oder gegen die Umwelt und Natur erlassen hat,
meistens aber – so wie in Deutschland – gar kein Grundrecht auf eine unversehrte und geschützte, eine gesunde
und das Leben erhaltene Umwelt vorsieht. Nachhaltigkeit
ist bisher so entschieden ausgeklammert worden, dass sie
nicht rechtlich einklagbar ist! So sind die Individuen, selbst
dann, wenn sie Nachhaltigkeit befürworten und dafür eintreten wollen, in ihren Möglichkeiten beschränkt. Das zeigt
sich in vielen konkreten Fragen: Wie komme ich zur Arbeit,
wenn nicht mit dem Auto? Wie nachhaltig kann ich meinen
Wohnraum gestalten? Wie kann ich mich ernähren? Und
wie steht es um den Müll, die Schadstoffe, die Belastungen
der Umwelt? Was kann ich kontrollieren und verbessern
und wer hilft mir dabei?

Wer sich näher mit solchen Fragen beschäftigt, dem
wird schnell klar: Die fehlende Nachhaltigkeit wird angetrieben durch eine Wirtschaft, die verkaufen will, da sie an
klimaschädlichen Gütern verdienen kann, indem sie Ab-

gasnormen schönt und direkt betrügt. Eine Wirtschaft, die Konsumanreize setzt, die auf die Ware und den Verkauf fixiert sind, aber nicht darauf, was die Folgen sind. Die nicht bestraft werden, wenn Müll produziert und zahlreiche Schadstoffe im Konsum entstehen, die an die Umwelt abgegeben werden. Die bloß gewinnorientierte Wirtschaft ist kein Antreiber einer nachhaltigen Welt. Außerdem durch eine neoliberale Politik, die den Märkten fast alles erlaubt und durchgehen lässt, damit sie national gut dasteht; die immer wieder kurzsichtig denkt und handelt. Eine Politik, die die Welt nicht wissenschaftlich und nüchtern betrachten will, sondern nur auf die nächsten Wahlergebnisse orientiert ist, wird keine Wege in eine gesunde Zukunft weisen können. Und Konsumenten, die darauf vertrauen, dass sie stets etwas Gutes, eine hohe Qualität erhalten, weil sie ja bezahlen, bleiben naiv gegenüber einer Wirklichkeit, deren Gefahren sie nicht überschauen, weil sie ihre Bedürfnisbefriedigung vor alle anderen Fragen stellen.

Nachhaltigkeitsleugnung

Die großen Brände 2019 und 2020 offenbaren als Folge des Klimawandels, dass die Nachhaltigkeitskrise längst auch in den reichen Ländern angekommen ist. Die Brände in den USA und Australien waren ein Beginn von dem, was kommen wird. Und im Amazonas werden Brände bewusst herbeigeführt, um Flächen für die Landwirtschaft zum Nutzen vor allem der reichen Länder zu erschließen. Der Anstieg der Treibhausgase durch diese Brände ist enorm. Die ökonomischen Folgen können hier noch regional beurteilt werden, aber alle Auswirkungen sind global. Wer zahlt die Schäden? Wer bestraft die Verursacher? Die nicht-nachhaltige Regierung in Australien, einem Land, das sich politisch immer noch den fossilen Energien verschrieben hat, ermittelt keine Ursachen, sondern behauptet, dass die Buschfeuer bloßer Zufall seien: Gehören Buschfeuer nicht zum natürlichen Lauf der Dinge? Ab welchem Ausmaß ist es angemessen, von einer Auswirkung der Klimakrise zu sprechen? Ab wann ist es an der Zeit, dass sich Mehrheiten und Nationen wissenschaftlichen Einsichten zuwenden? Ab wann greift die Welt ein, wenn mit dem Amazonas die Lunge der Welt vernichtet wird?

Der Widerspruch zwischen Wissen und Verhalten

Am Beispiel einer Verringerung des eigenen negativen Fußabdrucks lässt sich ein weiteres Problem gut zeigen: Es gibt einen klaren Bruch zwischen Wissen und Verhalten, ökologische Einstellungen führen selten zu tatsächlich nachhaltigem Verhalten. Um den eigenen Fußabdruck zu verändern, muss immer die Lücke zwischen Intention und tatsächlicher Handlung überwunden werden. Diese Lücke wird vor allem dann aufrechterhalten, wenn der soziale Druck von gleichgesinnten Nachhaltigen nicht stark genug ist. Wenn beispielsweise Donald Trump als Präsident der USA den Klimawandel leugnete, dann hatte dies auch auf jene Einfluss, die eigentlich den Klimawandel anerkennen, aber traditionell die Republikaner wählen. Eigene Intentionen sind immer durch das Umfeld geprägt und manipulierbar. Je weniger und je geringer die staatliche Regulation der Nachhaltigkeit und eine Bestrafung durch Kosten für schädliche Verursacher ausfällt, desto geringer ist der notwendige soziale Druck für mehr Nachhaltigkeit in der Breite der Bevölkerung. So ist zwar jede für ihre Nachhaltigkeit verantwortlich, aber ohne eine nachhaltige Politik und Regierung mit nachhaltiger Agenda kann dies nicht hinreichend funktionieren. Menschliches Verhalten ist in diesem Sinne sehr stark von einer positiven Narration über die Notwendigkeit nachhaltiger Maßnahmen abhängig.

Die Lobby der Nicht-Nachhaltigen

Die Macht der Gewohnheiten wie die konservative Wirkung der sozialen Gruppe schafft sehr hohe Barrieren für eine Verhaltensänderung. Die Nicht-Nachhaltigen sind vor Angriffen auf ihr Verhalten immer schon durch ihren scheinbar erfolgreichen Lebensstil geschützt. Als erfolgreich gilt, wer große Freiheit genießt und mit seinem Leben zufrieden ist. Wohlstand und Reichtum, Überfluss und Überflüssiges scheinen unumgänglich dazuzugehören.

Das Erfolgsmodell wird, nicht ohne Einfluss der Wirtschaftslobbys, überall verkündet und beworben. Beispiele der Gegenwart zeigen hinlänglich, wie wenige einflussreiche Menschen, Politiker und konservative Think Tanks sowie pseudo-wissenschaftliche Institute in der Lage sind, die Menschheit durch Medien und Werbung zu beeinflussen und ihre selektiven Interessen durchzusetzen. Ob es nun die heruntergespielten Gefahren des Rauchens, des Einsatzes von Pestiziden, der saure Regen, die Treibhausgase, die Stickoxide, das Tempolimit oder andere Gefahren sind, immer ist die Strategie ähnlich: Schädigungen werden verharmlost, schädliche Effekte für Menschen und Umwelt werden heruntergespielt. Es werden sogar Wissenschaftlerinnen gefunden, die ihre eigenen Werte hintergehen und gegen gutes Geld alles bestätigen, was die Gewinne steigern lässt. Sogenannte wissenschaftliche Pseudo-Gutachten sind die Spitze einer Strategie aus Lügen und Entstellungen, denn selbst naturwissenschaftliche Ergebnisse sind letztlich dehn- und auslegbar und können eine Quelle für eigene Gewinne durch einseitige und selektive Interpretationen sein.

Der Klimawandel wird von etlichen Nicht-Nachhaltigen oft als große Verschwörung konstruiert. Selbst naturwissenschaftlich gebildete Fachleute folgen gelegentlich einer konservativen Parteilinie, weil diese ihrer Wunschvorstellung nach einer Fortführung der Wirtschafts- und Lebensweise am meisten zusagt. Das nutzen auch Medien gern, die oftmals von reichen Menschen beeinflusst werden, die von diesen Verhältnissen profitieren. Die tatsächliche Unabhängigkeit der Medien in einem Land ist der stärkste Indikator für den Zustand seiner Demokratie.

> ## Wunschdenken & Ausreden

In der heutigen Medienwelt werden so viele Informationen einfach nebeneinandergestellt, dass Nachhaltigkeit nur ein Thema neben vielen ist. Es mag durchaus für etliche Menschen jetzt schon ein existenzielles Thema sein, aber im Pluralismus der Informationen und Meinungen lässt es sich nicht einfach für alle priorisieren. So können die

Nicht-Nachhaltigen ihre Weltsicht leicht bestärken, indem sie auf die Vielfalt und Unterschiedlichkeit der Berichte hinweisen. Da viele Menschen sich eine heile Welt wünschen, glauben sie gern so lang wie möglich, in einer solchen Welt zu leben. Die meisten Menschen überprüfen etwa drohende Veränderungen des Klimas eher durch eine Beobachtung des aktuellen Wetters, um aus eigener Beobachtung zu beurteilen, was tatsächlich geschieht. Und dabei ist vorherrschend, dass sie solche Ereignisse stark nach erwünschten Erwartungen beurteilen. Sie vermeiden ein Denken in Wahrscheinlichkeiten, das ihnen als abstrakt und weit entfernt von der Wirklichkeit erscheint. Sie sind immer mehr durch die Gegenwart beeinflusst als durch eine mögliche Zukunft, besonders wenn diese wie etwa beim Klimawandel oder Ressourcenschwund umfassender erst Jahre später eintreten wird. Zudem bevorzugen sie eine faire Beurteilung, was zunächst immer meint, dass sie fair in Bezug auf ihren erreichten Wohlstand, das, was sie erarbeitet und erworben haben, behandelt werden wollen.

Die Macht der kleinen Lügen

Es ist auffällig, dass vor allem die gehobene Mittelschicht, die es sich ökonomisch und sozial leisten kann, nachhaltiger als andere zu agieren, die meisten Aktivistinnen für den Klimaschutz und andere nachhaltige Ziele stellt. Analysiert man das Verhalten dann aber unter Realbedingungen, dann wird bei teilnehmender Beobachtung im Gegensatz zu Befragungen offensichtlich, dass die Selbstwahrnehmung deutlich von der Realität des Verhaltens abweicht. Viele wünschen zwar, schon nachhaltig zu sein, tun es aber dann doch nicht konsequent.

Nachhaltige erkennen aber immerhin, was geschehen wird, wenn sie nicht nachhaltiger leben und handeln; sie ziehen Bilanz und sind erschrocken. Eine widersprüchliche Welt wird sichtbar: Ihre Wohnung ist energiegedämmt mit Platten, die heute schon Sondermüll sind. Ihre Erdgasheizung funktioniert mit Brennwerttechnik und produziert immer noch zu viele Treibhausgase. Sie fragen sich: Wodurch können wir fossile Energien ersetzen? Zur Arbeit brauchen sie ein Auto, weil der Nahverkehr schlecht entwickelt ist, aber einige nehmen ein schadstoffarmes Modell. Im Stillen denken viele, dass die Treibhausgase ja besonders durch massenhaften Gebrauch entstehen, um ihr kleines Auto mit geringerem Ausstoß zu rechtfertigen. Sie denken nachhaltig, dafür werden sie Vegetarier, aber reicht dies, wenn die Massentierhaltung für Eier und Milch, Käse und andere Produkte immer noch Methan erzeugt? Oder tröstet es sie, wenn Methan nach etwa zwölf Jahren in der Atmosphäre abgebaut wird, wohingegen CO_2 noch zu 15–40 Prozent nach 1000 Jahren erhalten bleibt? Es beunruhigt sie, dass der Sojaanbau den Amazonas-Urwald zum Verschwinden bringt: Wie viele ihrer vegetarischen und veganen Gerichte bestehen aus Soja? Wo wird es angebaut? Sie können nicht alles recherchieren, und der Staat hilft ihnen viel zu wenig, einen Überblick durch transparente Regeln zu erhalten. Aber den Müll, den trennen schon viele. Und wenn sie etwas kaufen wollen, dann nutzen sie nicht immer Amazon. Einige nehmen das Auto nur, wenn sie Dinge transportieren müssen. Erst wenn sie älter werden,

werden sie es wohl wieder mehr nutzen. Sie müssen zugeben, dass sie noch vieles erleben wollen: Andere haben die Welt schon gesehen, was ist mit *ihren* Weltreisen? Sollen sie sich verwehren, was andere durften?

Wer von den Nachhaltigen will ehrlich behaupten, von diesen Aussagen gänzlich frei zu sein? Etliche psychologische Studien nicht nur zur Nachhaltigkeit weisen nach, dass viele Menschen in ungewissen Situationen, in denen nicht unmittelbar klar und einsichtig ist, welche Folgen ihr Handeln hat, fast immer dazu neigen, die Situation im Sinne ihrer subjektiven Wünsche, Interessen und des persönlichen Gewinns auszudeuten. Die Faktoren mit einer hohen Auswirkung auf die Umwelt berühren eben zentrale menschliche Wunschvorstellungen. Was müssten wir nicht alles tun? Verzicht auf Kinder, Nutzung kleinerer Wohnungen, keine Autos, keine Flüge, weniger Fleischverzehr. Aber wollen wir das? Hat uns die Wohlstandswelt nicht das genaue Gegenteil versprochen?

Gern bilden wir vor solch einem Hintergrund eine Logik aus, in der wir die leichter erreichbaren nachhaltigen Ziele mit bescheidenen Verhaltensänderungen – wie der Mülltrennung – konsequent betreiben, aber diejenigen Veränderungen des Lebensstils, die wirklich hohe Wirksamkeit versprechen, dann eben doch auslassen. Und die kleinen Lügen, mit denen sich die Konsumenten der reichen Länder beruhigen, werden zu großen Lügen, wenn ihre Regierungen Klimapakete verkünden oder international auf Konferenzen über Ziele verhandeln, bei denen es letztlich vor allem darum geht, was sie *nicht* tun können: Sie können nicht einfach begrenzen, regulieren und Konsumverzicht herbeiführen, das wollen sie den Konsumenten nicht zumuten. Das wäre sozial ungerecht. Für die Nation, den Wirtschaftsstandort, die Arbeitsplätze, für alles wäre es schädlich. Solche Ziele zu setzen, ist vor allem dann nicht möglich, wenn man wiedergewählt werden will.

Wie verhindert die Ökonomie die Nachhaltigkeit?

Auf den ersten Blick ist die neuere Zeit bis heute eine Erfolgsgeschichte: Die Industrialisierung wird – meist auf Kosten der Umwelt – immer weiter vorangetrieben, wodurch sich auch der materielle Wohlstand vorher ums Überleben kämpfender Menschen verbessert. Zudem wird die Festschreibung von erwünschten Verhaltensweisen in der Erziehung bis hin zu Vorschriften und Gesetzen normiert, die Sicherung von Besitzverhältnissen und des Privateigentums wird rechtlich perfektioniert. In der Gleichbehandlung wird auf Geburtsprivilegien verzichtet, aber sie wirken dennoch auf Basis der Besitz- und Erbverhältnisse. Im Prozess der Demokratisierung werden geheime und freie Wahlen erkämpft, um allen Menschen repräsentative Beteiligungschancen zu geben. Außerdem kann in den reichen Ländern eine soziale Sicherung mehr oder minder verwirklicht werden. Die Bildungsexpansion – mit einer elementaren Bildung für alle und einer weiterführenden für zunächst sehr wenige und seit Beginn des 21. Jahrhunderts dann für immer mehr – schreitet voran. Pluralität und Diversität sind möglich, es gibt viele Freiheiten in der Gesellschaft, wenngleich durch schulische Selektion alle Aufstiege geregelt sind. Dies alles sind besonders wichtige Punkte im Selbstverständnis der heutigen Zeit.

Soziale Gerechtigkeit wird in dieser Entwicklung allerdings in einen Verteilungskampf verwandelt, wobei der zunehmende Abstand zwischen Arm und Reich die einseitige Verteilung der Gewinne zeigt – selbst in den reichen Ländern. Es bildet sich mehr und mehr ein verflüssigter Kapitalismus heraus, der sich dadurch auszeichnet, dass das Kapital immer an jene Orte wandert, wo die Gewinne noch einfacher zu erzielen sind und wo die nachhaltigen Auflagen am geringsten ausfallen. Vor diesem Hintergrund wird klar, dass es eine grundlegende ökonomische Verweigerung von Nachhaltigkeit im Kapitalismus gibt.

Der Riss zwischen Produktion und Konsum

Dies lässt sich am Verhältnis von Produktion und Konsumtion aufzeigen: Bereits Marx hat von einem unheilbaren Riss gesprochen, der dadurch entsteht, dass die Naturgebrauchswerte, die in der Landwirtschaft produziert werden, vom Ort ihres Konsums getrennt sind. Stadt und Land stehen sich gegenüber, heute durchzieht der Riss nach Orten der Produktion und Konsumtion alle Konsumgüter. Das Ausmaß und die Schärfe, in der das geschieht, konnte sich Marx noch nicht ausmalen. Der Riss durchzieht auch das Bewusstsein der Menschen, die eine Verbindung zur Natur und zur Herstellung ihrer Lebensmittel immer mehr verlieren und damit auch den Wert der Natur, den Respekt vor den Tieren und Pflanzen, die Nähe zur natürlichen Umwelt aufgeben. Der Riss erscheint, wenn billige Waren durch Arbeitsbedingungen und Kinderarbeit erzeugt werden, mit denen der Konsument zwar nichts zu tun haben will, die er aber dennoch durch den Kauf billiger Waren fördert. Es ist dieser Riss, der vielen Problemen der Nachhaltigkeit zugrunde liegt.

Eine unbegreifliche Geldvermehrung

Aber nicht nur der Riss, der durch die Trennung von Produktion und Konsumtion und die damit einhergehende Entfremdung gegenüber der Natur und der Herstellung erzeugt wird, sondern auch der Riss, der durch die Art, wie die Erfolge und Gewinne erzielt werden, ist entscheidend. Der Kapitalismus setzt auf Kapitalverwertung. Wo etwas ist, da soll mehr entstehen. Mehrwerte sind das ständige Ziel, auch wenn sich unterschiedliche ökonomische Theorien fundamental darüber streiten, wie solche Mehrwerte gewonnen werden. Im Ergebnis ergibt sich für alle ungeachtet der verschiedenen Ansätze immer das eine Resultat: Einige Menschen, die bereits etwas besitzen, erwirtschaften auf scheinbar geheimnisvolle Weise Gewinne, die sich ständig vermehren. Die Logik dieser Vermehrung kann unterschiedlich erklärt werden. Für Marx entspringt der Mehrwert aus dem Verhältnis von Lohnarbeit und Kapital; heute ergibt sich ein vielfältigeres Bild von Quellen der Mehrwertproduktion: Er kann durch Angebot und Nachfrage, Illusionierung, Täuschung und Betrug oder parasitäre Gewinne – etwa durch Erbschaften oder einem Aufstieg durch Heirat – erzeugt werden. Die Warenproduktion steht nur noch für einen Teil der Gewinne, die höchsten Mehrwerte kommen durch Spekulation zustande.

Das Geld steht dabei immer im Zentrum. Im Zeitalter der heute dominanten Börsen und Aktienmärkte, der Blasen und Spekulationen, vermehrt sich Geld deutlich schneller als die materiellen Besitztümer, in die es verwandelt werden kann. Dabei hat die neoliberale Ökonomie die Gewinne in einer Form maximiert, die dem Laien unverständlich erscheinen muss, denn sie erfolgen immer stärker durch Transaktionen und Spekulationen, hinter denen gar keine realen Werte oder konkrete, sichtbare Produktionsformen mehr stehen, sondern Wetten, Hochrechnungen und Gewinnblasen. Mehrheiten vertrauen heute mehr oder minder einem ihnen im Grunde unverständlichen System – in der bekanntlich langlebigen Hoffnung, irgendwann möge auch für sie selbst etwas abfallen.

Reichtum und Nachhaltigkeit sind Gegensätze

Der Reichtum, der sich bei immer weniger Menschen konzentriert, ist für die Menschheit eine Bedrohung, weil er fast nie mit einer nachhaltigen Lebensweise verbunden ist. Reichtum und Nachhaltigkeit bilden einen unüberbrückbaren Gegensatz, aus Reichtum und den daraus resultierenden Möglichkeiten lässt sich kein vorbildliches Verhalten mit besonderen Verzichtsanstrengungen oder ökologischer Besonnenheit ableiten. Die reichen Eliten bestimmen das Wirtschaftshandeln, sie haben immer neue

Geschäftsideen, um Gewinne zu machen. Der Nachhaltigkeit würden sie sich nur dann zuwenden, wenn sie mit Gewinnen verbunden werden kann oder Steuern gespart werden könnten.

Um der Gewinnorientierung willen wird das Kapital zusehends stärker in global ausgeführte Güterproduktion mit günstigen Produktionsstandorten, in Dienstleistungen und Spekulationen aufgespalten. Günstig heißt dabei fast immer, dass ein kostenintensives, nachhaltiges Handeln vermieden wird. Niedrige Löhne in Billiglohnländern, die nicht nur die Arbeiterinnen und Arbeiter und ihre Ausbeutung betreffen, sondern auch für deren Kinder geringe Zukunftschancen bieten, sind eine Strategie der Gewinnmaximierung, Ressourcenausbeutung und Umweltschäden eine andere. Der Wohlstand der reichen Länder wird, um es ganz klar zu sagen, durch die Arbeitsbedingungen, Umweltlasten und den Ressourcenabbau, die den ärmeren Ländern aufgebürdet werden, mitfinanziert.

Die Selbstverständlichkeit, mit der die Menschen in diesem System leben und es weitestgehend für alternativlos halten, lässt sie ständig auf Wohlstand und Gewinne hoffen und sich zugleich damit abfinden, dass die Art der Entstehung der Gewinne wie auch die Chance, an diesen beteiligt zu werden, immer ungleich verteilt ist.

> Nachhaltigkeit verschärfte die
> soziale Ungerechtigkeit

Realistisch gesehen, so zeigt eine kritische Analyse der Wirtschaftsdaten, ist die breite Masse arm geblieben, weil sie durch Niedriglohn, Teilzeit- und Leiharbeit kaum Chancen hat, zu Wohlstand zu kommen. Besserverdienende Lohngruppen stehen günstiger dar, aber gegenüber dem reicheren Anteil der Bevölkerung sind sie schon wieder relativ arm. Die Mehrheit wird die Hauptlasten der Kosten und Schäden fehlender Nachhaltigkeit zu tragen haben, weil sie im Vergleich deutlich stärker besteuert wird als die Minderheit der reicheren Menschen. Trotzdem glauben immer noch sehr viele Menschen an die Erfolgsgeschichte der heutigen Gesellschaft, so sehr ihnen auch die Brüche und Fehlstellen im eigenen Leben immer wieder auffallen. An diesem Glauben wird so lange festgehalten, wie es in der eigenen Gesellschaft und gegenüber anderen Ländern immer noch eine Abstufung nach unten gibt.

Vor diesem Hintergrund sind die Menschen sehr stark mit ihrer sozialen Sicherung beschäftigt. Für sie ist die Nachhaltigkeit eher etwas Abstraktes. Sie erscheint vielen als sekundär, weil die eigene soziale Sicherung in prekären Verhältnissen Vorrang hat. Die Verflüssigung der Lebensverhältnisse erzeugt einen Druck ständigen Wandels und ständiger Neuanpassung an veränderte Bedingungen. Angesichts der dadurch erzeugten Dynamik wächst neben der stets behaupteten Freiheit auch die Sehnsucht der Individuen nach Übersicht, Autoritäten, Ratgebern und Beispielen für eine erfolgreiche Bewältigung der Unübersichtlichkeit. Die Gefahr, dass sie hierbei ausgenutzt, manipuliert und betrogen werden, wächst in gleichem Maße.

In Hinblick auf all die Antwortgeber der kapitalistischen Glückseligkeit erscheint den Gewinnern die Nachhaltigkeit stets als Kostenfaktor. Um kapitalistische Gewinne zu akkumulieren, sind Kosten jeder Art zu vermeiden, und so werden entweder Arbeitslöhne gedrückt oder die Kosten zum Schutz von Natur, Umwelt und Ressourcen einfach der Allgemeinheit aufgelastet. Steuern und Abgaben als Einnahmequellen hat die kapitalistische Ökonomie hingegen schon länger für die Reichen gesenkt, weil sie der Politik ihre »notwendigen« hohen Gewinne als systemrelevant erklärt haben und alle Vergünstigungen einstreichen, die durch Lobbyarbeit erreichbar sind. Zudem werden viele Gewinne in die Spekulationsblasen abgezweigt, um die Geldvermehrung immer weiter zu beschleunigen.

Immerhin hat sich in der kapitalistischen Entwicklung die Arbeiterbewegung mit ihren Gewerkschaften und sozialen Kämpfen darum gekümmert, die soziale Lage der Arbeitenden zu verbessern. Um die Nachhaltigkeit steht es deutlich schlechter. Natur und Umwelt sind nicht »gewerkschaftlich« vertreten, sie sind politisch zu wenig präsent, und wenn sie in Parteiprogrammen erscheinen, dann werden schnell Kompromisse geschlossen, damit der Wirtschaftsstandort nicht gefährdet wird. Und da die Umwelt Kosten verursacht, die auch die Arbeitenden unmittelbar zu spüren bekommen, ist für die Arbeiterbewegung oder das, was von ihr heute noch geblieben ist, die Nachhaltigkeit auch eher ein sekundäres und sogar vorwiegend problematisches Thema: Auch die Arbeitenden haben erkannt, dass die ihnen durch Nachhaltigkeit aufgeladenen Kosten den bereits erkämpften Wohlstand schmälern werden. Ein solches Kosten-Nutzen-Denken, ein Denken, das Erfolg nur an kurzfristigen Gewinnen misst, erschwert es in besonderem Maße, Nachhaltigkeit in der kapitalistischen

Wirtschaftsweise umzusetzen. Es ist ein Ausdruck einer dominant gewordenen Haltung, die anzeigt, dass sehr viele Menschen den Sinn für die wesentlichen Fragen ihres gemeinschaftlichen Überlebens verloren haben.

Nachhaltigkeit und Konsum sind Gegensätze

Nachhaltigkeit und Konsum schließen sich gegenseitig aus und sind zudem gegensätzlich bewertet: Ist Konsum doch überall zu finden und für die Menschen wesentlich, kommt Nachhaltigkeit noch sehr selten vor und ist umstritten. Menschen in den reicheren Ländern identifizieren sich über den Konsum. Am Konsum machen sie nicht nur ihren Lebensstandard, sondern auch Freiheit, Mobilität, Aufstieg und alle Sehnsüchte für das weitere Leben fest. Sie beginnen dabei zunehmend, ökonomisch und politisch in Stückwerken zu denken und das Ganze ihrer Umwelt bewusst aus dem Blick zu verlieren. Zwar beklagen die reichen Länder die Armut der Welt, sie bedauern den Klimawandel, aber wirklicher Verzicht, der die Dinge ändern könnte, erscheint als politisch trotzdem nicht durchsetzbar, weil das materielle Sein die Bewusstseinshorizonte bestimmt, und diese wiederum die Lage beurteilen lassen. Das eigene Leben für die Nachhaltigkeit einzuschränken, muss innerhalb eines Systems, in dem Erfolg sich vorrangig daran misst, immer mehr zu konsumieren, gänzlich unsinnig scheinen. Und die Hoffnung darauf, wie der Konsum nachhaltiger werden könnte, wird dadurch gedämpft, dass eine Umsetzung bis heute kaum gelingt und bisher keine Mehrheit an einer Praktizierung mit höheren Kosten interessiert ist.

Für die Nachhaltigkeit sind die Vielfalt und Masse des Konsums verhängnisvoll, denn um ihn ermöglichen zu können, brauchen wir von allem immer mehr: Immer mehr Energien müssen für die Produktion und Dienstleistung aufgewandt werden, immer mehr Rohstoffe, die nicht regenerieren, werden verbraucht, immer mehr Müll wird produziert, immer mehr Wasser verbraucht. Da es aber gerade der Konsum ist, der die Menschen befriedigt, sie motiviert zu arbeiten und Geld zu verdienen und so die Wirtschaftskreisläufe am Leben zu halten, wird ein Aufruf zum Verzicht sie kaum zum Wählen einer Partei bringen. Hier müsste aber genau die Politik beherzt eingreifen, macht aber das Gegenteil: Sie kennzeichnet die Konsumgüter nicht in Hinblick auf ihre Nachhaltigkeit, sie bepreist sie nicht hinreichend. Selbst ein Warnsystem vor ungesunden Lebensmitteln ist nicht vorhanden. Alle sind stets bereit, ihre Gesundheit zu riskieren und die Umwelt zu vergessen. Ob Urlaube und Reisen an die Orte des Begehrens nachhaltig sind, auch dafür gibt es keine Berechnungsweise. Beim Essen und der Freizeit werden die äußeren Instanzen einer Regulation der Nachhaltigkeit politisch bisher als besonders unzumutbar abgetan, weil dies die Wirtschaft verstören und die eigene Freiheit behindern könnte.

Um es noch einmal auf den Punkt zu bringen: Konsum und Nachhaltigkeit sind von Grund auf Gegensätze, wenn Ressourcen verbraucht und nicht erneuert, wenn Schadstoffe ausgestoßen und nicht kompensiert, wenn Bedürfnisse befriedigt und deren langfristige Folgen für Natur, Umwelt und eigene Gesundheit nicht bedacht werden. Der Konsum unterscheidet die Individuen, er schafft Status, Ansehen, Attraktivität, Unterschiede, die sowohl das subjektive Empfinden wie die soziale Stellung beeinflussen. Der Konsum ist eine Wirtschaftsmaschine, die darauf ausgelegt ist, dass Menschen dies nicht hinterfragen: Am besten für den auf Gewinnmaximierung setzenden Kapitalismus wäre es, wenn die Menschen denken, dass der Konsum und die Nachhaltigkeit zwei völlig getrennte Angelegenheiten sind.

Für die Ökonomie ist Nachhaltigkeit sekundär

Hinzu kommt, dass die Reichen eine andere Krise ständig vor Augen haben. Sie fürchten, dass es noch früher zu einem Kollaps des spekulativen Immobilien- und Finanzsystems kommen könnte, bevor etwa Folgen fehlender Nachhaltigkeit einsetzen werden. Es ist selbst unter Fachleuten wenig strittig, dass dies angesichts der vorliegenden Zahlen geschehen wird, strittig ist nur, *wann* und *wie* es geschehen und was daraus in der Folge erwachsen wird. Auch in der Spekulation über diese Auswirkungen zeigt sich, dass die Kurzfristigkeit von Handlungserfolgen bei Menschen deutlich mehr wiegt als eine langfristige Vorsorge. Die Strategien konzentrieren sich stets nur auf hohe Gewinne und schnellen Erfolg, sie erzeugen Denk- und Verhaltensweisen, die in unserer Kultur immer dominanter werden. Wenn man ständig um sein Geld und dessen rasche Vermehrung besorgt ist, dann bleibt für nachhaltige Überlegungen wenig Raum. Innerhalb einer solchen gesellschaftlichen Priorisierung auf Geldsorgen wundert es nicht, wenn es an Vorstellungskräften fehlt, die auf eine

Zukunft hin orientiert sind und sorgsam mit den Ressourcen umgehen.

Die Staatsverschuldungen sind ein wichtiger Indikator für die gefürchtete Krise. In wenigen Jahrzehnten sind diese Schulden in den reichen Ländern exponentiell angewachsen und durch die Corona-Krise nochmal erheblich gestiegen. Alle Bürgerinnen und Bürger in den reichen Ländern sind heute so verschuldet, dass es illusionär ist zu glauben, diese Schulden könnten je aufgelöst werden. Es erscheint vielen Ökonomen sogar als sinnvoll, möglichst weitere Schulden zu machen, um so – auf kurze Sicht – den Wohlstand der breiten Masse zu erhalten oder gar zu erweitern. Hier ist zu bedenken, dass alle Schulden auf den Finanzmärkten aufgenommen werden, dort stehen Gelder der Reichen und Superreichen im Überfluss zur Verfügung, deren Verwertung ruft geradezu nach Schulden. Diese Gelder haben zugenommen, weil sie nicht hinreichend über gerechtere Steuern abgeschöpft wurden. Und der zunehmende Reichtum zeigt, dass die Schulden von vornherein verringert werden könnten, wenn die Staaten ihre Steuermodelle in Abstimmung miteinander ändern würden. Was kann der Staat tun? Schulden durch gerechtere Besteuerung verringern. Und die neuen Schulden insbesondere für Nachhaltigkeit ausgeben.

Die neoliberalen Ökonomen kämpfen immer darum, dass die Gewinne im Hier und Jetzt sprudeln. Solches Denken bestimmt die Politik der Gegenwart. Und die politische Ökonomie, die daraus entsteht, definiert maßgeblich die Chancen und Grenzen der gegenwärtigen Nachhaltigkeit. Besonders die Schulden werden gern als Bedrohung genutzt, um den Menschen zu erklären, dass sie sparsam sein müssen, wenn es um ihre Löhne und soziale Leistungen geht. Gleichzeitig sollen sie, was sie haben, konsumieren. Unternehmen hingegen sollen immer stärkere Gewinne machen, weil so vermeintlich genügend Arbeitsplätze und vielleicht auch ökologische Lösungen entstehen. In der Summe aber offenbart der gegenwärtige Zustand, dass gerade die Ökonomie verbunden mit menschlicher Gier und dem Wunsch nach ständiger Gewinnmaximierung ohne Rücksicht auf langfristige Folgen zu einer Situation geführt haben, die sowohl ruinös für die Erwartungen an eine sozial gerechte Gesellschaft als auch eine hinreichend nachhaltige Entwicklung sind.

> Wir brauchen ein Wirtschaftssystem
> mit Langsicht

Mehrheitlich leben Menschen heute in einer kapitalistischen Ereigniszeit und Ereignisräumen mit kurzfristigen Zielen, Strategien und Wünschen. Die Arbeits-, Wirtschafts- und Lebenswelt spiegelt und enthält das, was heute aktuell im relativen Wohlstand gegeben und möglich ist. Ökonomisch hat sich durchgesetzt, dass die Gewinne immer stärker durch Dritte verwaltet werden, die das Kapital gewinnbringend für die Besitzer – mit meist hohen Eigenbeteiligungen – einsetzen. Eine Langsicht für das Überleben und Wohlbefinden aller tritt oft hinter kurzfristige Gewinnziele zurück. Der falsche Anreiz besteht schon darin, dass die Manager an der Höhe dieser Gewinne beurteilt und entsprechend honoriert werden. Im Shareholder Value wird die unternehmerische Sozialverpflichtung des Kapitals als Ausdruck einer sozialen Marktwirtschaft, die behauptet, dem Allgemeinwohl dienen zu wollen, unwichtig. Das zeigt sich daran, dass es für Nachhaltigkeitsschäden wie etwa Ressourcenvernichtung, Umweltvergiftungen, den Klimawandel oder auch soziale und ökonomische Ausbeutung kaum Personen gibt, die namhaft verantwortlich gemacht und zur Rechenschaft gezogen werden könnten. Hierbei helfen unübersichtliche Rechtsformen und Klauseln der Verantwortungslosigkeit gegenüber einem Allgemeinwohl, das moralisch in den Hintergrund getreten ist. Der Dieselbetrugsskandal in Deutschland hat gezeigt, wie in der zentralen und wichtigsten Industrie des Landes nicht nur verantwortungslos gegen Menschen und Umwelt gehandelt wird, sondern dann auch noch nicht einmal politisch und juristisch hinreichend eine Haftung besteht.

Im Kapitalismus werden zunehmend eigene Normen und Regeln geschaffen, wobei der Erfindungsreichtum sehr groß ist, um Lücken im Nationalen oder Chancen im Globalen aufzuspüren. Ein Teil dieser Erfindungen führt unmittelbar zur Zerstörung und Ausbeutung des Planeten, ein anderer bringt Ausbeutung von Menschen wie auch Korruption mit sich.

In der Wirtschaft werden heute sowohl das Nationale als auch das Globale gestärkt: Eine Globalisierung des Kapitals sichert seine verflüssigten weltweiten Wertschöpfungen und seine Möglichkeiten, Regulierungen und Steuern zu entgehen. Auf Nationalisierung wird hingegen gesetzt, wenn der eigene Standort gesichert und die Politik beeinflusst werden soll, um ihre Wählerschaften mit Zugeständnissen für die Alternativlosigkeit des Wirtschafts- und Verteilungssystems zu gewinnen oder Schädigungen von Personen und Umwelt zu verschleiern.

Je höher das Kapital ist, desto mehr wächst die Macht an, Regierungen mit dem Abzug von Arbeitsplätzen, der Abwanderung von Kapital oder mit Nachteilen auf den internationalen Märkten zu drohen. Eine hier sichtbar werdende Beeinflussung von Regierungen und ein Einwirken auf staatliche Regulierungen durch Kapitalinteressen wird dadurch gerechtfertigt, dass es den Märkten Sicherheiten im Handeln und zugleich Chancen für Gewinne ermöglicht. Die Entwicklung des Reichtums weniger Menschen zeigt, wie sehr die Politik dabei jene begünstigt, die viel haben, und jene benachteiligt, denen es sowieso schon an allem mangelt. Solange der Wohlstand breiter Massen erhalten bleibt, scheint dieses System trotzdem unbesiegbar. Wer sollte es auch überwinden, wenn noch nicht einmal mehr die sozialen Gruppen und ihre jeweiligen Gewinne und Verluste klar erkennbar sind, wenn der imaginäre Nebel einer vermeintlichen Mitte von der Politik beworben und bespielt wird, wenn nicht mehr hinreichend verstanden werden kann, wer welche Verantwortung trägt? Gerade deshalb kommt es im kapitalistischen System bei Wahlen nur zu minimalen politischen Umschwüngen, weil Regierungen und Parteien stets in diese imaginäre Mitte drängen, wo die Konservativen auf einmal grün werden, eine soziale Ader entdecken und die ehemals sozialistisch Orientierten den Niedriglohnsektor ins Leben rufen. Aber diejenigen, die ökonomisch die Welt bestimmen, bleiben in all diesen politischen Stimmungen und Strategien der Machterringung unsichtbar und dennoch dominant. Ihr kurzsichtiges Denken verhindert eine wirtschaftliche Langsicht.

Kein Kapitalismus ist keine realistische Lösung

Die Mehrheit heutiger politisch-ökonomischer Ansätze sieht keine Notwendigkeit oder keine hinreichende Chance, den Kapitalismus infrage zu stellen, weil zwar für viele klar ist, dass das kapitalistische Gewinnstreben Nachhaltigkeitsfragen durchgehend negativ beeinflusst, aber für die heutige menschliche Vorstellungskraft und das vorhandene Alltagsverständnis gilt der Kapitalismus den meisten weiterhin als einzige Lösung. Allein durch ihn kann der Lebensstandard erhalten bleiben, und zugleich lassen sich wissenschaftlich-technologische Innovationen finden, die dem Verkauf helfen. Von beiden Seiten her, der Gewinnmaximierung bei den Reichen und Superreichen wie bei einem eher bescheidenen Einkommen der Masse der arbeitenden Menschen, haben sich alle in einem beschränkten Denkraum eingerichtet, um den Wohlstand und die Aussicht auf ein relativ langes Leben in hoher Absicherung zu erhalten. Die Menschen in den reichen Ländern haben keine hinreichend praktikablen Fantasien oder aussichtsreiche Lösungen für eine Alternative, weil sie sich im Bestehenden eingerichtet haben. Wer hier etwas grundlegend verändern wollte, macht sich sofort alle zum Feind.

Die ökonomische Kolonialisierung der Erde

Gern sehen die reichen Länder über die von ihnen in Besitz genommenen Rohstoffe und Ressourcen, die Migration von Arbeitskräften, die Folgen durch die Erschließung von Märkten und die Globalisierung in den armen Ländern einfach hinweg. Der Kapitalismus erscheint gerade deshalb als alternativlos, weil die reichen Länder zu den Gewinnern in der Welt gehören. Es besteht ein enger Zusammenhang zwischen der zeitlichen Entwicklung des Kapitalismus und dem Flächenbedarf in den Nationen wie der Ressourcennutzung in der gesamten Welt. Einerseits werden Räume durch kriegerische Handlungen von den Nationen erobert oder verloren, früher auf die Gewinnung von Kolonien gerichtet, heute in die ökonomische Abhängigkeit verschoben. Andererseits führt das wachsende Privateigentum dazu, dass es kaum noch Flächen gibt, die nicht zu jemandes Privatbesitz zählen. Der Raum der Welt wird nicht nur immer genauer kartografiert, er wird auch parzelliert, verrechtlicht, wodurch die freie Nutzung für alle verkleinert wird. Diese aufgeteilte Welt funktioniert nach Regeln, sie wird besessen, und so kann in sie eingeschlossen wie aus ihr ausgeschlossen werden, es gibt Besitzregeln nach Zugehörigkeit und Verweigerung des Eintritts, Einzäunungen und Verbriefungen als Grundmerkmale einer Raummacht, die das Privatrecht über die Ansprüche des Allgemeinwohls stellt. Diese Entwicklung wird in der Nachhaltigkeitsagenda fast immer verschwiegen. Wie sollen wir nachfolgenden Generationen eine le-

benswerte Zukunft hinterlassen, wenn diese bereits innerhalb der überkommenen Besitzverhältnisse so aufgeteilt
ist, dass es kaum noch Spielraum für neue Verteilungen
gibt? Was bedeutet es, wenn die Zugänge zu den frei zu-
gänglichen Flächen der Welt immer begrenzter werden?
Die Konsequenz aus der bisherigen Verteilung ist klar:
Wenn es ums Überleben geht, trifft es die Armen immer
am schlimmsten, da ihnen die Zugänge zu Ressourcen ver-
sperrt bleiben und sie über wenig Besitz verfügen. Für die
besonders Armen bedeutet das am Ende im schlimmsten
Fall Vertreibung und Flüchtlingslager, denn sie werden unter der zunehmenden Ressourcenknappheit als Erste lei-
den, werden in die Flucht getrieben und auf Reisen ins
Ungewisse geschickt, auf denen ihre Menschenrechte keinerlei Rolle spielen. Wo sollen sie hin, wenn der Planet
aufgeteilt und bereits verkauft ist?

Eine globalisierte Wertschöpfung

Über Jahrhunderte hinweg haben sich die reichen Staaten
während ihrer Industrialisierung durch koloniale Politik
aus den armen Ländern – vor allem jenen des globalen Sü-
dens – einfach beschafft, was sie an Rohstoffen und Menschen benötigten, um eine bessere Wirtschafts- und Lebensweise für sich zu ermöglichen. Ein paradoxes Gesetz
des Kapitalismus lautet: Je reicher ein Land an Rohstoffen
ist, desto wahrscheinlicher ist es, dass die Mehrheit der Bevölkerung in Armut lebt.

Vertreibung, Flucht und Migration werden vor allem
von zwei Rahmenbedingungen angetrieben: Einer Tra-

dition der Ausbeutung seit dem Kolonialismus und den Effekten des menschengemachten Klimawandels und anderer Auswirkungen fehlender Nachhaltigkeit, die überwiegend die reichen Länder verschulden. Fast immer geht es um kapitalistische Gewinne, die vor allem in die reichen Länder wandern, deren Regierungen, selbst wenn sie für sich demokratische Programme haben, sich kaum damit befassen, was das Gewinnstreben und die Rohstoffgier für Folgen hat: Krieg und Gewalt sind im Kampf um Ressourcen, Macht und Einfluss weit verbreitet; Vertreibung, Flucht oder Migration sind die Folgen; Diskriminierung und Verfolgung nehmen in ethnischen und religiösen Konflikten zu; Armut und Perspektivlosigkeit wachsen in bestimmten Regionen an oder werden zu einem dauerhaften Problem; Landraub und Rohstoffhandel in der Ausbeutung der betroffenen Länder vertreiben die angestammte Bevölkerung oder zwingen sie in die Migration; Ungleichheit und Repressionen bis hin zu Bürgerkriegen nehmen zu. Im Gewinnstreben geht es nicht darum, überall auf der Welt die Demokratie einzuführen, sondern durch Gewinnpraktiken ein Maximum für den Erfolg der reicheren Länder herauszupressen. Solange es um Gewinne geht, handeln selbst demokratische Länder nicht konsequent gegen Ungerechtigkeiten, sie sorgen sich mehr um ungestörte Lieferketten. Diese Welt der Scheinheiligkeit ist für viele Menschen, die an den Sinn von Demokratie glauben, besonders frustrierend.

In den rohstoffreichsten Regionen der Welt, die in der globalisierten Wertschöpfung leer ausgehen, werden deren Folgen – etwa Umweltzerstörung und Klimawandel –

gleichzeitig am frühesten und am härtesten spürbar. Diesen Ländern fehlen die Ressourcen, um den Folgen von sich verändernden Umweltbedingungen entgegenzuwirken. Das *Institute for Economics and Peace (IEP)* prognostiziert, dass bis zu 31 Länder bis 2050 unbewohnbar sein könnten. Stürme, Fluten oder Dürre und Wasserknappheit werden zu massenhafter Migration führen. Bereits heute zeigt die Unfähigkeit, beispielsweise der EU, die Migration in kleinem Maßstab zu regeln, welche Zerreißprobe dies für die reichen Länder bedeuten wird.

Wie verhindert die Politik die Nachhaltigkeit?

Eine Kehrtwende in Richtung Nachhaltigkeit ist einzig durch eine neue Politik zu erreichen. Eine Politik der Wahrheit, die sich entschieden für die Umsetzung einer nachhaltigen Lebensweise einsetzt, könnte die nahenden Katastrophen zunächst national, dann global womöglich noch abwenden. Denn immer mehr Diskussionen und wissenschaftliche Abhandlungen, immer mehr Konferenzen und Zielvereinbarungen ohne Folgen zeugen eher von der Lust am Wahrheitsspektakel als einem hinreichenden Willen oder politischen Möglichkeiten, diese Ideen dann auch umzusetzen. Wie aber soll und kann eine Politik der praktizierten Nachhaltigkeit umgesetzt werden? Bisher scheint in der Politik der reichen Länder die Annahme zu herrschen, dass es nicht gelingen kann, diese Herausforderungen ohne eine umfassende Beteiligung des privaten Sektors hinreichend zu lösen. Damit unterwirft sich die Politik von vornherein den ökonomischen Interessen, die maßgeblich die Krise verursacht haben. Dies wird auch darin sichtbar, dass Regierungen besonders in der Vorsorge für die Zukunft versagen, wie es 2021 das Bundesverfassungsgericht der Bundesregierung und ihrem unzureichenden Klimapaket bescheinigte. Schnell wurden neue Klimaziele proklamiert, ohne konkrete Maßnahmen zu beschließen, wie diese tatsächlich erreicht werden können. Ein Versagen wird besonders darin erkennbar, dass bloß Versprechungen und keine konkreten Maßnahmen angeboten werden.

Die Verantwortung wird auf die Individuen verschoben

Die Verschiebung der Verantwortung auf die Individuen scheint diesen zwar Freiheit und Selbstbestimmung zu schenken, aber angesichts der begrenzten Macht der Einzelnen bedeutet dies vor allem, dass die Politik der Krise nicht realistisch ins Auge schauen will: Die fehlende Nachhaltigkeit kann heute nicht allein individuell, sondern nur im Zusammenspiel mit staatlichen Eingriffen reguliert werden. Dabei müssten die Maßnahmen zunächst lokal in einzelnen Nationen durchgeführt werden, was schwierig sein wird, weil dies zu einem Nachteil auf den globalen Märkten führt: Denn durch die Konkurrenz der Nationen wandert das Kapital immer dorthin, wo es sich am besten maximieren kann. So werden Regierungen erpressbar, wie sich am Beispiel der EU zeigt. Die Staatengemeinschaft ist unfähig, halbwegs plausible Besteuerungen oder Regulationen festzusetzen, weil die nationale Konkurrenz auf die Gesamtheit der beteiligten Regierungen durch Blockaden und Sonderwege wirkt.

Die Regierungen haben sich heute vielfach davon verabschiedet, deutlich mehr staatliche Investitionen als bisher vorzunehmen, um dem sozialen Ausgleich, der Förderung bei Benachteiligung, der umfassenden Entwicklung eines gerechten Bildungssystems, der Nachhaltigkeit im breiten Umfang zu dienen. Sie haben ihre Verantwortung immer mehr auf die Wirtschaft und deren breite Förderung gerichtet. Bei sozialen Fragen übertragen sie oft die Verantwortung auf gemeinnützige Initiativen und setzen vermehrt auf Hilfe zur Selbsthilfe. Damit übernehmen sie zu wenig Verantwortung und lassen es sogar zu, dass reiche Firmen und Konzerne Menschen in ihrem Sinne beeinflussen. Im Sponsoring übernehmen damit Personen die Macht, die eigentlich durch staatliche Handlungen begrenzt werden müssten, weil sie nur einseitig ihre eigenen Interessen vertreten. Ein von Privatinteressen bestimmter Medienbereich rundet dies dann ab.

> Die ewig gleichen, leeren Versprechen
> kurz vor der Wahl

Die Individualisierung aller Probleme, die eigenverantwortlich zu lösen sind, ist für die Politik oft eine Strategie, um mit der größten Sorge umzugehen, die sie hat: die Wiederwahl. Die politischen Parteien bangen immerzu um Wählerstimmen, was in der Nachhaltigkeit gefährlich ist, weil hier die Notwendigkeit von Verzicht, einer Umstellung der Lebensweise und Verteuerung vieler Dinge ehrlich ausgesprochen werden müsste. Welche Partei kann von sich behaupten, dass sie eine umfassende Vorsorge in der Nachhaltigkeit vor Augen hat? Selbst die *Grünen*, die hier einen klaren Fokus haben, müssen Kompromisse in der Umsetzung eingehen, um als wählbar zu erscheinen. Und jede konkrete Forderung etwa nach höheren Benzinpreisen wird von den politischen Gegnern sofort populistisch ausgenutzt, weil ihnen die Nachhaltigkeit im Grunde noch zu egal ist. Die Politik hatte bisher kaum durchsetzungsfähige Konzepte, um das Problem jenseits unrealistischer Versprechungen anzugehen. Deshalb ist es die beliebteste Strategie, die Nachhaltigkeit als ein individuelles Problem darzustellen. Das ist sie in der Tat ja *auch*, aber eben nicht nur. Denn wenn die Individuen nachhaltiger leben wollen, werden sie schnell merken, dass ihnen der Staat dabei umfassend durch Rahmenbedingungen und Regulierungen helfen muss, denn wir brauchen eine große, eine grundlegende Kursänderung, deren Ausmaße nur eine Politik verdeutlichen kann, die die Dinge so klar und eindeutig benennt, wie sie sind, und dann steuernd eingreift.

Natur und Umwelt wurden politisch bisher gegenüber anderen Fragen oft zurückgedrängt, und die Erfahrungen aus der erfolgreichen Wirtschaftsgeschichte und dem sozialen Verteilungskampf der Vergangenheit bestimmen sehr stark die Erwartungen und Lösungen im Wunschdenken von Mehrheiten. Nun wird die Nachhaltigkeit zu einer Herausforderung, die nur mit großen, weitreichenden und politisch neuartigen Lösungen zu bewältigen ist. Die Politik ist gezwungen, ihre Vorsorge für ein Leben in der Zukunft neu zu bestimmen. Dazu braucht es eine ehrliche Standortbestimmung, die nicht weiter auf Abwarten setzt, sondern konkrete Maßnahmen in kontrollierten Zeitplänen beschließt und kontrollieren hilft. Um hierfür Mehrheiten zu gewinnen, sind neue Narrative und Beteiligungsformen erforderlich, die Menschen mitnehmen und überzeugen können, damit alle ihren Teil zum Erfolg beitragen. Damit sie radikale Entscheidungen mittragen. Sie werden es nur mehrheitlich tun, wenn dies fair und gerecht erscheint, wenn nicht wieder die größten Lasten von den Mehrheiten getragen werden sollen, damit einige besonders profitieren. Politisch gibt es einige Eckpunkte, die zu beachten sind:

> Ökonomische Ungleichheit konsequent abbauen!

Erstens kann angesichts der Ungleichheit in der Welt die Nachhaltigkeit nur bewältigt werden, wenn die Lücke zwischen Arm und Reich stärker als bisher abgebaut wird. Diese Ungleichheit besteht nicht nur zwischen armen und reichen Menschen, sondern ebenso zwischen armen und reichen Ländern. Es hat eine gigantische Umverteilung des Reichtums der Welt stattgefunden, was Folgen für spätere Generationen haben wird. Es ist an der Zeit, die Entwicklung umzudrehen. Die Politik benötigt hierfür klare Programme neuer Besteuerungen für mehr soziale Gerechtigkeit, dann auch von Bepreisungen fehlender Nachhaltigkeit, Regulierungen, um Nachhaltigkeit zu fördern, und Belohnungen für nachhaltiges Handeln.

Wachstumsmythos aufheben!

Zweitens ist der Mythos von der Alternativlosigkeit einer immer notwendigen Verbindung von Wachstum und Nachhaltigkeit aufzugeben. Dieser Mythos führt immer wieder in ein »Weiter so«. Und er treibt politische Parteien, wenn sie sich ökologisch orientieren, in eine schon politisch vorausgesetzte Alternativlosigkeit und Anpassung überwiegend an bestehende Wirtschaftsinteressen. Dadurch werden zu viele alternative Wirtschaftsformen, die ökologisch und nachhaltig wirken, aus den Augen verloren. Wenn sich in der ökologischen Bewegung eine Partei zeigt, die sich radikaler für Nachhaltigkeit einsetzen will, so wird der theoretische Wunsch nach besserer Regulierung spätestens mit der Regierungsbeteiligung in einen langen Marsch durch die Institutionen verschoben. Erst wenn Nachhaltigkeit von den Massen gefordert wird, so scheint es, kann es eine Politik der Nachhaltigkeit ohne immerwährende Kompromisse geben.

Unangenehme Entscheidungen wagen!

Drittens muss sich eine nachhaltige Politik klar bekennen: Wir können zwar keine letzte Wahrheit besitzen, sondern nur Aussagen im Kampf um Wahrscheinlichkeiten, aber dabei entscheiden wir uns trotzdem grundsätzlich für oder gegen einen nachhaltigen Weg. Eine solche Entscheidung wird wohl oder übel eine Reihe unangenehmer Maßnahmen mit sich bringen, die aber notwendig sind. Alle Menschen sollten an der Erarbeitung dieser Liste von Veränderungen teilnehmen und die Entscheidungen für sich und mit anderen treffen wollen. In einer pluralistischen Gesellschaft wird es dann auch andere Meinungen und unbegründete Behauptungen geben. Die Öffentlichkeit und viele wohlmeinende Menschen haben sich angewöhnt, dies zu respektieren und selbst die größten Dummheiten und Verschwörungstheorien unter dem Deckmantel eines liberalen Pluralismus zuzulassen. Die Politik muss es sich aber zur Aufgabe machen, möglichst klar und überzeugend die Chancen des nachhaltigen Weges aufzuzeigen, damit Nachhaltigkeit nicht als Verschwörung, sondern als einzig vernünftiger Weg in ein langfristiges Überleben erkannt werden kann.

> ## Nachhaltigkeit braucht Mehrheiten

Viertens wird eine Politik der Nachhaltigkeit nur gelingen, wenn sie auf Dauer Mehrheiten für sich gewinnen kann. Dies bedeutet am Anfang dieses Weges, dass die Politik stärker als bisher den Menschen die Möglichkeit geben muss, sich ohne Täuschungen und Illusionen über die Nachhaltigkeit aufzuklären. Nachhaltigkeit ist eine nationale wie internationale Bildungsaufgabe, die im Erziehungssystem zu priorisieren ist, die in den Medien einen stärkeren Einfluss gewinnen und die – das wird ein besonders schwieriger Anspruch sein – die vielen von Gewinninteressen beeinflussten Medien und den Lobbyismus, die Nachhaltigkeit herunterspielen und den nachhaltigen Weg diskreditieren, als unglaubwürdig entlarven muss.

Die Politik muss die Wissenschafts- und Meinungsfreiheit stärken

Die vier Punkte lassen sich nur erreichen, wenn sich der Grad gesellschaftlicher Aufklärung verändert. Demokratie sollte nicht damit verwechselt werden, dass alle alles sagen können, ohne hinterfragt zu werden. Hass sollte nicht ohne Kontrolle und Strafe in Anonymität verbreitet werden dürfen, nur weil es demokratisch scheint, obwohl es menschenverachtend ist. Es ist an der Zeit, gesellschaftlich ein Mindestmaß an Wissenschaftlichkeit zurückzugewinnen und das öffentlich als falsch zu benennen, was aus der Luft gegriffen ist oder nur einseitigen Interessen dient. Die Wissenschaften sollten nicht gezwungen sein, ihre Forschung überwiegend an Wirtschaftsinteressen und Auftragsforschung auszurichten. Universitäten müssen frei von Einflüssen des Privatkapitals werden und Grundlagenforschung in mehr Breite und Unabhängigkeit führen können. Die Medien sollten nicht mehr einfach alles weitertragen, was die Auflage in die Höhe treibt, sondern sich entscheiden können, wissenschaftlich begründet zu sein oder kritisch das zu kommentieren, was oft als Sensationslust vordergründig bleibt. In vielen Medien gibt es eine Vorauswahl, die als Meinungsvielfalt dargestellt wird, aber in Wirklichkeit manipulierte Meinungen zugunsten bestimmter Interessen vertritt. Politisch sollte es daher ein wichtiges Ziel sein, in Erziehung und Bildung einen Schwerpunkt darauf zu legen, solche Prozesse zu durchschauen und die Menschen dagegen durch eine wissenschaftliche Bildung zu immunisieren. Zugleich bedarf es einer Stärkung der Unabhängigkeit der Medien durch eine öffentlich-rechtliche Berichterstattung, die ausgeweitet werden sollte.

Der Angriff auf Wissenschafts- und Meinungsfreiheit erfolgt heute auch über den Konsum und digitale Strategien, die bei aller Unterschiedlichkeit der Waren und Angebote auf Gleichschaltung ausgelegt sind. In vielen Ländern wird dies auch politisch genutzt. In China und anderen despotischen Systemen herrscht eine totale Überwachung.

Jede Beschränkung der Meinungsfreiheit ist gefährlich für Demokratien, doch auch die Meinungsfreiheit kann ausgenutzt werden: für Manipulation, Irreführung und Verschwörung, die dazu dienen, Unwahrheiten zu verbreiten oder bestimmte kommerzielle Interessen durchzusetzen. Solange Menschen durch Propaganda und Meinungsmache so angreifbar sind, solange Meinen und Wissen erst unterschieden werden können, wenn alle eine bessere Bildung erfahren und sich nicht von selektiven Interessen dominieren lassen, solange das Allgemeinwohl nicht wieder stärker in den Vordergrund tritt, bedarf es an allen Orten der Wissenschaften und Meinungsbildung einer aktiv demokratisch und nachhaltig orientierten Steigerung der Verantwortlichkeit, die das kritische Denken zurückgewinnt und ein Zeitalter nachhaltiger Aufklärung für möglichst alle eröffnet.

III KONSEQUENZEN: WAS SOLLEN WIR TUN?

Nachhaltige Ansprüche zu entwickeln, sie in Handlungen zu übersetzen, Zugehörigkeiten nachhaltiger Gruppen zu stärken und Verpflichtungen lokal, national und weltweit einzugehen, kann sowohl individuell wie auch in sozialen Gruppen vorangetrieben werden. Die einzelnen Schritte, die dabei zu gehen sind und die hier in 10 Dimensionen besprochen werden, beginnen immer zunächst beim Individuum und seinen unmittelbaren Möglichkeiten. Nach den ersten fünf individuellen Dimensionen geht es in den nächsten fünf dann eher um gesellschaftliche Veränderungen besonders der Ökonomie, der Politik und des Rechts. Alle Dimensionen durchdringen sich, das Individuum kann nie losgelöst von ihnen handeln. Alle Dimensionen befinden sich in wechselseitigen Bezügen. Die 10 Dimensionen sollen helfen, eine Orientierung auf wesentliche Aspekte zu geben, sich zu vergewissern, woran zu denken ist, einen Ausgangspunkt für eigene Anknüpfungspunkte und Veränderungsvorschläge zu finden. Nachhaltigkeit ist komplex und ganzheitlich zu betrachten, und jede bewirkte Veränderung wirkt sich auf alle anderen Dimensionen aus.

> *Die 10 Dimensionen des Nachhaltigen Manifests*

Diese 10 Dimensionen sind keine Konstruktionen nur *eines* Autors, sie sind das Produkt unzähliger Forschungen zur Nachhaltigkeit. Die zusammengestellten Ideen sollen helfen, sich positionieren zu können. Sie sollen aus der Theorie herausführen, nicht nur diskutiert werden, sondern Ideen bündeln, um praktisch zu werden. Dabei werden weitere Ideen entstehen und Lösungen erkämpft werden, wenn der nachhaltige Weg gegangen wird.

Entwickle eine eigene nachhaltige Haltung!

Nachhaltigkeit beginnt beim Einzelnen, jede und jeder ist aufgefordert, nachhaltiger zu leben. Jeder Mensch strebt zunächst vor allem nach dem eigenen Überleben, dabei ist er aber auch seiner Lebensumwelt, die dieses Leben überhaupt erst ermöglicht und erhält, verpflichtet. Wer aufgeklärt an dieser Welt teilhaben will, muss sich über diese informieren und bilden, muss insbesondere aus der nachhaltigen Unmündigkeit heraustreten. Individuell geht es darum, ein nachhaltiges Wissen zu erwerben und eine darauf fundierte Haltung zu entwickeln, die ein umweltverträgliches Verhalten ausübt, anstatt zwischen all den Ideen zu verzagen und letztlich aufzugeben. Die Menschen werden darin erfolgreicher, wenn sie lernen, allein und zusammen zu erkennen, wo und wie ihr Handeln gut oder schädlich für die Umwelt ist, und so klar benennen können, was sie in ihrem Alltag und über ihn hinaus konkret verändern können.

Filme führen uns unsere Ängste vor

Schon nach einer kurzen Beschäftigung mit den Folgen fehlender Nachhaltigkeit wird klar, dass wir auf eine Situation zusteuern, in der die Menschen im Überlebenskampf ihre hässliche Seite zeigen könnten. Besonders in Katastrophenfilmen wird der Menschheit vorgeführt, was im schlimmsten Fall durch Massenvernichtungswaffen, den Klimawandel, Ressourcenverknappung, steigende Gier auf der einen und Ungerechtigkeit auf der anderen Seite geschehen könnte. Das leuchtet uns ein, wenn es personifiziert geschieht und klar zwischen Gut und Böse unterschieden wird, weil es dann nicht um langweilige, weil abstrakte Modelle der Wissenschaft geht. Wir werden durch mediale Dramatisierungen jedoch zugleich immer abgestumpfter, können Realität und Virtualität oft nur schwer auseinanderhalten, können kaum wissenschaftlich einschätzen, was da tatsächlich auf uns zukommt. Klar, die Artenvielfalt nimmt ab. Aber sind die Insekten nicht ohnehin lästig? Und ab wann wird das Artensterben für den Menschen bedrohlich? Gut, die bakteriellen Keime werden immer resistenter, und die Viren verbreiten sich weltweit, aber wann beginnt das erste Massensterben? Wann gehören wir dazu? Und die Temperatur? Das Ein-Grad-Ziel ist reine Fantasie geblieben, das 1,-5-Grad-Ziel wird gerissen, zwei Grad sind ohnehin nicht aufzuhalten. Am Ende werden wir über sehr viel mehr Grad reden müssen. Aber was bedeutet die Zunahme dann konkret? Der Meeresspiegel steigt, aber was heißt das für mich hier, an diesem Ort, an welchem Tag?

Wir können unser Bild nicht überwiegend durch Fiktionen bestimmen lassen, wir müssen uns in der Entwicklung einer eigenen nachhaltigen Haltung den Fakten zuwenden, jede und jeder ist dazu aufgefordert!

Konsum & Verzicht

Der Konsum bestimmt unser Leben. Wir arbeiten, um Lebensmittel und Konsumgüter zu erwerben. Das zahlende Individuum regiert die Welt – und diese Welt selbst, ihre Artenvielfalt, ihre ausbalancierte Ökologie und das Klima, das allen Lebewesen ein Leben überhaupt ermöglicht, hat keinen festen Sitz in dieser Regierung. Was bisher mehr zählt, sind die wunschbezogenen, beworbenen Wahrheiten: Die meisten Menschen wollen ihren Wohnraum erweitern und verschönern, Reisen in die gesamte Welt unternehmen, ihre Bedürfnisse nach Mobilität, Nahrung und Genuss immer weiter steigern oder verfeinern. Der Konsum ist als Leitbild der Individualisierung deshalb so erfolgreich, weil er sich an Wünschen und deren Befriedigungen festmachen lässt. Ein Wechsel in die Nachhaltigkeit als Lebensziel ist ungleich schwieriger zu erreichen, weil hier ein *Weniger* notwendig ist, das für das Individuum wie eine Bestrafung, eine Begrenzung und eine Beschneidung seiner Möglichkeiten wirkt, solange vorrangig der Konsum ein erfolgreiches Leben dokumentiert. Der Wechsel zielt auf eine nachhaltigere Welt, in der es jedem und jeder möglich ist, immer noch ein erfülltes Leben zu führen, in der jedoch auch die Welt selbst, die Natur und Umwelt, die unser aller Lebensraum ist, Vorrang gewinnt. Wenn dafür Verzicht im Konsum, im bisherigen Überfluss an vielen Stellen notwendig wird, dann wird dieser auf lange Sicht ein Gewinn sein, der dem Überleben dient.

Die ökologische Frage priorisieren!

Der Wunsch nach sozialer Gerechtigkeit und damit auch sozialer Nachhaltigkeit ist im Kapitalismus ein Dauerthema, weil die Konzentration auf Gewinnstreben und Eigentum unweigerlich zu Ungleichheit führen muss. Auch wenn die von sozialen Bewegungen erstrittenen Verbesserungen für die Benachteiligten wichtige Veränderungen im Wohlstand vieler hervorgebracht haben, müssen diese Fragen heute vor der ökologischen Frage zurücktreten. Heute sollte der Kampf für Nachhaltigkeit priorisiert werden, weil nicht mehr viel Zeit bleibt, den Abwärtstrends etwas entgegenzusetzen: Die Treibhausgase steigen unablässig, und ihr Abbau dauert Jahrhunderte. Wir müssen bei diesen Fragen also eine völlig neue Messlatte anlegen, die dem menschlichen Leben und der Zeit, in der wir gewöhnlich rechnen, zunächst unvorstellbar ist. Das kurzfristige Denken hat uns an den Punkt geführt, an dem wir heute stehen, und muss ersetzt werden durch eines, das auch langfristige Folgen mitbedenkt. Wenn heute kurzfristig Atomkraft helfen soll, die CO_2-Ziele zu erreichen, so müssen wir uns die radioaktiv verseuchten Tanks in Fukushima vor Augen führen, die ins Meer abgelassen werden sollen. Wieder einmal wird kurzsichtig gespart und der Nachwelt ein Problem hinterlassen, für das sie uns verachten wird. Heute kann es nicht mehr vorrangig um Wünsche gehen, sondern die Grenzen der Belastbarkeit müssen in den Vordergrund gerückt werden. Im Hinblick auf den Klimawandel und dessen Folgen macht es wenig Sinn, die Ware-Geld-Beziehungen nun auch für die Natur und die Lösung der Nachhaltigkeitsfragen aufzurufen, denn es geht in der bio-physikalischen Welt nicht um Marktgesetze und soziale Konstruktionen, nicht darum, wie ungleich oder gleich der Austausch zwischen Natur, Rohstoffen, Ressourcen und Geld stattfindet. Vielmehr müssen wir bereits auf individueller Ebene lernen, wieder stärker von der Natur her zu denken, schonend, schützend und bewahrend zu wirken. Wir sollten nicht nur den schönen Anblick der Natur und der Wunder des Lebens in stillen Momenten schätzen, sondern den Wunsch nach Bewahrung des Natürlichen, der Schönheiten der Natur und des Lebens auf dem Planeten so verinnerlichen, dass ein Zuwiderhandeln mit Scham, Zweifel oder Abscheu erlebt wird. Hier liegt der Beginn der individuellen Nachhaltigkeit!

> Alle müssen Verantwortung
> für das Allgemeinwohl übernehmen!

Der Staat hat einen großen Teil seiner Verantwortung zur Vorsorge auf die Individuen verschoben, die im Kampf aller gegen alle für ihr eigenes Wohlergehen sorgen sollen.

Die Sorge um sich wächst in der Vereinzelung an, sie wird mit Konzepten des Selbstmanagements, der Steigerung von Selbstwert, des Selbstbewusstseins im Konkurrenzkampf, des Selbstvertrauens in die eigenen Möglichkeiten und einer ständigen Selbstoptimierung begleitet. In Erziehung und Medien werden all diese Wünsche mit Perspektivvielfalt bedient, denn in der neoliberalen Wirtschaft und Politik sind die Grenzen geöffnet, die Wanderungsbewegungen der Arbeit notwendig, Wohlstandsunterschiede mit sozialem Gefälle sind erwünscht. Innerhalb all dieser Diversität ist das Allgemeinwohl in den Hintergrund getreten. In Bezug auf die Nachhaltigkeit wird es nun auf einmal wieder wichtig, aber heute ist es vielen Menschen unverständlich geworden. Warum soll ich auf meinen Mitmenschen achten, wenn er zugleich mein Konkurrent ist? Warum soll ich den Müll recyclen, wenn andere ihn einfach wegwerfen? Warum soll ich mehr Umweltkosten als andere tragen, die hingegen weiterhin in Saus und Braus leben?

Die Menschen suchen heute vor allem nach Lösungen für sich selbst, wenn diese auch meist nur kurzfristig greifen können. Die Herauslösung aus festen Ordnungen und traditionellen Gemeinschaften hat viele persönliche Freiheiten ermöglicht, zugleich aber auch das Gefühl einer Verpflichtung gegenüber der Allgemeinheit und einer Zugehörigkeit zur Natur geschwächt. Die Frage nach der Zukunft der Welt ist aber auf das Allgemeinwohl angewiesen, sie ist verloren, wenn es nur noch darum geht, dass das Individuum sein Leben konfliktfrei und möglichst im Wohlstand führt. Durch die Individualisierung wurde der

Mensch sehr stark auf Konfliktvermeidung geprägt, in der Nachhaltigkeit ist aber gerade Widerstand und Arbeit an sich selbst und anderen vonnöten. Das Verantwortungsgefühl gegenüber zukünftigen Generationen hat insbesondere in den reichen Ländern stetig abgenommen, was den Hintergrund für die heute fehlende Nachhaltigkeit bildet. Sie lässt die Verursacher der großen Schäden bisher unbeschadet, weil der Konsum zu viele lockt, bis zur letzten Stunde individualisiert teilhaben zu wollen.

Vor dem Hintergrund der Individualisierung ist die Nachhaltigkeitsliteratur von Ratgebern einer individuellen Verhaltensänderung im kleinen Maßstab durchzogen. Beim Einkaufen fair produzierter Lebensmittel, bei der Bestimmung ihrer Wirkung für Natur und Umwelt, bei der Entsorgung von Resten und Müll. Schon diese Umstellung kann schnell zu Überforderungen führen, weil die Lieferketten undurchsichtig bleiben, die Bestandteile der Konsumgüter unklar sind, eine Abschätzung der Auswirkungen auf die Treibhausgasproduktion oder andere Schädigungen individuell kaum abschätzbar erscheinen. Zu kompliziert ist die nachhaltige Welt, um alles allein verstehen und regeln zu können. Dennoch ist eine eigene Sicht notwendig, es ist ein Wissen, eine Haltung aufzubauen, die Nachhaltigkeit als Problem und zentrale Herausforderung für die eigene Zukunft begreift und eine nachhaltige Haltung entwickelt, die das eigene Handeln anleitet. Dabei muss ein ausschließlich egoistischer Blick überwunden werden, denn das Allgemeinwohl einer ökologisch besser ausbalancierten Welt kann nur gemeinsam mit anderen erreicht oder erkämpft werden.

Angst treibt Menschen zu Veränderungen!

Das individuelle Wissen über Nachhaltigkeit ist ein wichtiger Ausgangspunkt. Die Schulen nehmen dabei eine zentrale Rolle in. Leider bildet Nachhaltigkeit aber nur einen kleinen Teil des Lehrplans, der zudem aus bloßem Buchwissen besteht: Wenn die Lernenden auf einem Aufgabenblatt Fakten zum Treibhauseffekt finden und diese als Wissen neben anderen Inhalten auswendig lernen, wird dies kaum eine hinreichende Verhaltensänderung erzeugen. Viele Studien in der Verhaltensforschung zeigen, dass Menschen aus Einsicht zwar Wissen ableiten können, aber kaum ihr Verhalten ändern. Insoweit gehören zur individuellen Nachhaltigkeit immer auch Ängste vor einer bedrohten Zukunft. Erst wenn wir aktiv nachhaltiger leben, werden diese Ängste sich in bewältigbare Sorgen verwandeln können. Leider gibt es noch sehr viele Nicht-Nachhaltige, die erst Katastrophen benötigen, bevor sie überhaupt solche Ängste entwickeln und dadurch zum Handeln motiviert sind. Auch wenn es nicht gut wäre, die Ängste ständig zu befeuern, so wäre es fatal, wenn sie bloß verdrängt und nicht bearbeitet werden. Fehlende Nachhaltigkeit in ihren vielen Aspekten lässt begründet Ängste entstehen! Gerade sie können und sollten Antrieb sein, damit wir uns stärker der Herausforderung stellen.

Zugleich gibt es aber auch Nachhaltige, die vor lauter Angst oder Sorgen in Verzweiflung geraten, weil sie immer wieder erkennen, wie wenig sie wirklich bewirken können, sie verzweifeln an der Langsamkeit oder unzureichenden Ergebnissen. Der Kampf für Nachhaltigkeit vollbringt keine schnellen Wunder, er ist mühsam, und die Nachhaltigen müssen sich immer wieder vor Augen führen, dass sie selbst in kleinen Angelegenheiten scheitern können, wenn ihre Ideale zu groß werden und mit der Wirklichkeit nicht mehr in Übereinstimmung gebracht werden können. Auch für die Nachhaltigen gilt: Der Weg ist mehr als das Ziel, und auf dem Weg werden stets Kompromisse abverlangt. Gleichzeitig kann aber nur der Zusammenschluss in nachhaltigen Gruppen das Individuum davor schützen, dass die faulen Kompromisse ohne weitere Selbstkritik überhandnehmen.

Die Verdrängung der Krise überwinden!

Die Nachhaltigkeitskrise eignet sich perfekt zum Verdrängen, weil wir zwar von ihr wissen und täglich Neues hören, ihre Auswirkungen aber oft nicht eindeutig oder auch weit weg sind, wodurch wir sie leicht ignorieren können. Gerade die Langsamkeit eintretender Ereignisse und ihre ungleichen Auswirkungen in der Welt machen es so einfach, jedes Handeln zu relativieren: »Was ich mache, ändert doch sowieso nichts, und so schlimm sieht es doch um uns herum auch wieder nicht aus.« Unsere Urteile beruhen in der Regel darauf, was wir in letzter Zeit wahrgenommen haben. Aber das Klima verändert sich langsam. Wir sind nicht immer dabei, wenn Ressourcen verschwendet werden. Wir bemerken ihr Fehlen erst, wenn sie bereits verschwunden sind. Die wirkliche Katastrophe scheint weit in der Zukunft zu liegen, da reichen einige heiße Sommer nicht aus, um uns wirklich zu beunruhigen. Wir haben Klimaanlagen, wir verfügen über hinreichend Reichtum, um uns an Extremwetterereignisse anzupassen, wir können uns auf globalen Märkten versorgen, wenn die eigene Landwirtschaft oder Tierhaltung versagt. Wir erfahren zwar viel über die negativen Zahlen, die wir etwa im CO_2-Ausstoß Jahr für Jahr mit steigenden Kurven messen, aber im alltäglichen Leben bleibt das alles noch eher recht abstrakt. Wir haben noch zu wenig konkrete Vorstellungen davon, was dies für uns in unserer Zukunft bedeuten wird. Und da wir sowieso zu kurzfristig denkendem Handeln erzogen sind, fällt ein Ignorieren leicht, denn die gegenwärtige Konsumgesellschaft baut genau auf solche Kurzfristigkeit und Kurzsichtigkeit ihr Geschäftsmodell auf.

Eine nachhaltige Lebenskunst

Unsere Urteile sind durch ideologische und soziale Zugehörigkeiten und durch eigene Erlebnisse unseres erreichten Wohlstands beeinflusst, die wir immer schon vor dem Hintergrund unserer Zugehörigkeiten und Wünsche einordnen und verstehen wollen. Selbst bei Umweltkatastrophen, von denen Menschen direkt betroffen sind, scheint es in der Regel einfacher, sie als Zufall und Schicksal zu erklären, als hier Wahrscheinlichkeiten anzunehmen, um die sich alle intensiv zu kümmern hätten. Viele machen sich stets mehr Sorgen um die Gegenwart, aber weniger um eine Zukunft, die immer noch in der Ferne liegt. Denken wir an die eigene Sterblichkeit, so ist selbst diese noch sehr weit weg, selbst für die Ältesten unter uns scheint sie weit in der Zukunft zu liegen. Je unklarer die Risiken sind, desto riskanter wollen wir leben Dem entgegenwirken kann nur eine Bildung, die die wahrscheinlichen Abläufe so klar erklärt und darstellt, dass wir nicht länger die Augen verschließen können. Wir benötigen eine Politik, die aufzeigt, dass ein gemeinsames Handeln sehr wohl Veränderungen hervorbringen kann. Und wir müssen lernen, kritischer auf unsere Wunschwelt zu schauen.

Auch wenn wir uns ein Wissen über Nachhaltigkeit aneignen, laufen wir Gefahr, nach den ersten Schritten doch stehen zu bleiben. Was lässt uns zögern? Wir selbst wollen immer fair behandelt werden, was unsere Interessen und Sorgen, unsere Bedürfnisse und unseren Wohlstand betrifft, aber wie fair dies für andere und wie schädlich es für den Planeten ist, das kommt uns weniger in den Sinn. Es bleibt immer möglich, sich als ökologisch engagiert zu geben und doch in Saus und Braus zu leben, weiter Flugmeilen zu sammeln, um noch mehr fliegen zu können oder ohne Tempolimit im SUV über die Autobahn zu rasen, um Mobilität und Freiheit zu genießen. Wer Müll auf die Straße wirft, der kann unmittelbar erkannt und zur Rechenschaft gezogen werden, der CO_2-Ausstoß hingegen bleibt in der Öffentlichkeit verborgen. Und hier kommt die gesellschaftliche Bewertung ins Spiel: Wir scheinen uns für ein solches Verhalten deshalb nicht schämen zu müssen, weil als erfolgreich gilt, wer Porsche statt Fahrrad fährt, weil einer praktizierten Nicht-Nachhaltigkeit noch eher mit Neid als mit Verachtung begegnet wird. Das ist ein entscheidender Grund, aus dem viele – nach den ersten Schritten in eine nachhaltige Haltung – zu zweifeln anfangen, weil sie den

Werten unserer Gesellschaft und vielleicht auch eigenen Wünschen widerspricht.

In einer Welt, in der alles exakt nach Euro und Dollar bemessen wird, ist es schwierig, mit Relationen, exponentiellen Annahmen, wahrscheinlichen Aussagen umzugehen. Diese Schwierigkeiten können dazu führen, dass wir uns abwenden und gleich alles verloren geben. Wir können aber auch entscheiden, uns aufzurichten und eine eigene nachhaltige Haltung zu entwickeln, die sich nicht mit dem zufrieden gibt, was vorherbestimmt scheint. Wir können entscheiden, nicht in Angst zu verharren, sondern die Mutlosigkeit abzustreifen und neugierig zu sein auf die Hintergründe und auf das, was sich tun lässt. Wir können das eigene Schicksal in die Hand nehmen und zugleich einen kritischen und forschenden Blick auf die Welt werfen. Die gegenwärtige Krise ist allerdings eine Herausforderung, bei der es nicht mehr nur um das individuelle Überleben oder um mehr Fairness in der sozialen Verteilung geht, sondern um das Überleben der gesamten Menschheit.

Bisher gilt es uns als Lebenskunst, wenn unser Leben erfüllt ist von individueller Zufriedenheit, die es uns ermöglicht, uns nicht in all der Hektik und Beanspruchung durch Arbeit, Leistung und Lebensstil zu verlieren, nicht im Stress, einem Burnout oder einer Depression zu enden. Vor allem Kunst, Literatur, Ästhetik, Bewegung und die anderen vielfältigen Seiten der Selbstverwirklichung scheinen zu helfen, das eigene Ich kreativ zu entfalten und eine Balance zwischen Ich und Welt zu finden. Wenn das Individuum seine Nachhaltigkeit als beglückend empfinden will, dann bedarf es einer alternativen, nachhaltigen Lebenskunst, die eine kreative Selbstverwirklichung mit den Chancen sozialer Beziehungen in einer geschützten Umwelt verbindet. Dabei werden Grenzen und Verzicht, nachhaltiger Tatendrang und ein Denken aus der bisherigen Ego-Box heraus in Richtung Allgemeinwohl zu Eckpfeilern eines Wandels, der eine neue Zufriedenheit eröffnen kann.

Die erste Wegstrecke in solcher Lebenskunst wird mit vielen Widerständen zu kämpfen haben, sie wird auf viele Gegner stoßen, gegen die sie sich behaupten muss. Sie wendet sich gegen die Leugner, Ignorantinnen oder Unwissenden, die nur ihre Weltsicht erlauben oder ihren Vorteil suchen. Es ist höchste Zeit, dass die Nachhaltigen der Welt die Märchen des immer wachsenden Wohlstands und des ungebremsten Wachstums bei gleicher Lebensqualität widerlegen und dabei die eigene Freude und den Spaß am Argument nicht verlieren. Eine nachhaltige Lebenskunst offenbart eine neue Dimension der nachhaltig-sozialen Intelligenz des Menschen, die attraktiver als das bloße Mitmachen im Strom der Gleichgültigkeit und des Erwerbs von immer mehr Konsumgütern sein kann!

Suche nach Anreizen, die deine nachhaltige Selbstwirksamkeit kontinuierlich stärken!

Sind die ersten Schritte in die nachhaltige Haltung gemacht, wartet sogleich eine neue Herausforderung. Der Sprung von der Einsicht hin zum selbstwirksamen Handeln, das die eigene Nachhaltigkeit kontrolliert und ihr Impulse zum Machen gibt. Wenn eine nachhaltige Haltung vorliegt, unvollkommen vielleicht, Wissen und Einsicht aber vorhanden sind und der Wunsch besteht, etwas zu bewirken, ist der Anfang gesetzt, das Ziel aber noch in weiter Ferne. Was nun notwendig ist, um dieses Verhalten fortzusetzen, ist die Erfahrung von Selbstwirksamkeit. Das meint die Erfahrung, dass das eigene Handeln tatsächlich erfolgreich ist, die nachhaltige Haltung zu nachweisbar mehr Nachhaltigkeit führt. So kann ein Kreislauf von Selbstverstärkungen entstehen, in dem die Haltung durch die resultierenden Handlungsergebnisse belohnt wird. Wunder müssen nicht sofort geschehen, aber wenigstens kleine Erfolge mit Perspektive sind hilfreich. Nur wenn dies gelingen kann, werden Nachhaltige hinreichend durchhalten, ihren Weg zu gehen und anderen ein Vorbild sein.

> Selbstwirksamkeit vom Konsum
> in mehr Nachhaltigkeit verlagern

Heute erleben wir uns vor allem als Konsumenten als selbstwirksam. Denn durch Konsumgüter können wir uns selbst gut belohnen und so schnelle Erfolge erzielen. Dazu nutzen wir auch die sozialen Medien mit Inszenierungen der kleinen Unterschiede, der Trivialität und des Belanglosen, das wir als Bild, Schrift und Ton um die Welt schicken, um auf uns aufmerksam zu machen. Unsere Träume stehen dabei ständig im Vergleich mit anderen, es ist eine Welt der kontinuierlichen Selbstbespiegelungen, die uns das Gefühl vermittelt, dabei zu sein. Diese Trivialität könnten wir nun durch eine Entscheidung für Nachhaltigkeit ersetzen und in einen Anspruch und eine nachhaltige Zugehörigkeit verwandeln: Als Ziel könnte gelten, der Welt fortan einen ökologischen Wert zu geben, diesen überall zu verkünden und zu posten, zu vervielfältigen und zu bewerben, um eine gelingende Nachhaltigkeit vorzustellen oder ihr Fehlen zu diskutieren. Gespräche darüber könnten der Grund für Handlungen sein: dafür, den Müll vor Ort zu suchen und zu beseitigen, andere über die Dimensionen der Nachhaltigkeit aufzuklären, die Wasser- und Luftqualität vor Ort zu erforschen, auf Lücken in Vorschriften und Gesetzen hinzuweisen. Wenn wir nur halb so viel Energie in solchem Engagement für Nachhaltigkeit wie für das Shoppen aufbringen würden, wäre schon eine Wende vollzogen. Wenn wir Verschwendung vermeiden können, Textilien anders und länger tragen, Minimalismus, Zero Waste und vegetarische oder vegane Ernährung schätzen, so könnten die Bilder und Nachrichten darüber unsere sozialen Medien füllen, die wir um die Welt schicken und die unsere sozialen Gruppen anerkennen. Dann werden wir bemerken, dass – zuerst ein wenig, dann immer mehr – eine Veränderung der Werte stattfindet: Es ist jetzt angesehen, wenn unsere Welt nicht erlischt, sobald der Netzzugang ausfällt oder wir nicht das neuste Smartphone-Modell haben, wir schätzen es auf einmal wieder, wenn die Kommunikation von Angesicht zu Angesicht zunimmt. Wir sind nicht mehr so mit Konsum beschäftigt, dass für die Nachhaltigkeit keine Zeit mehr bleibt. Natur und Umwelt spielen wieder eine größere Rolle wie auch existenzielle Fragen, die sich mit dem wirklich zum Überleben Notwendigen befassen, anstatt mit der Fülle trivialer Unterschiede im Konsum oder beim bloßen Luxus. Dann wäre es möglich, zu erkennen, dass der Kampf um den profanen Konsum zu viel kostbare Lebenszeit, zu viel Raum, der mit Wichtigerem zu füllen wäre, eingenommen hat. Was darüber an Beziehungen, Freundschaften und Liebe verloren ging, das könnten wir zurückgewinnen. Wir sollten es jenseits der Schnäppchenjagden, bloßem Freizeitkonsum und dergleichen wieder genießen. Nachhaltige suchen eine Natur ohne Freizeitindustrie. Sie wollen eine neue soziale und ökologische Intelligenz entwickeln, die ihre Freude und ihren Spaß in der Freiheit der Kreativität jenseits der Fesseln des materiellen Status findet.

Selbstwirksamkeit in der Risikovorsorge

Menschen, die viel Geld für Prävention und Vorsorge gegen Unwetter und andere Katastrophen ausgeben, können sich nur dann als erfolgreich und selbstwirksam erleben, wenn die investierten Kosten, etwa für Versicherungen oder teure und geschützte Wohngebäude, in ein realistisches Verhältnis zu einem bevorstehenden Verlust gesetzt werden können. Je unwahrscheinlicher dieser Verlust am eigenen Wohnort erscheint oder in der Öffentlichkeit, den Medien und der Politik dargestellt wird, desto unwahrscheinlicher wird ein präventives Verhalten sein. Bei allen Risiken wollen Menschen sich vor allem als selbstwirksam erfahren. Deshalb ist es hilfreich, wenn insgesamt für alle nachhaltigen Bemühungen solche Erfahrungen in einfacher, anschaulicher Form alltäglich visualisiert werden:

Bestimme deinen eigenen Fußabdruck und visualisiere, wenn du Fortschritte in der Verringerung gemacht hast. Zeige, wie du beim Müll, Heizen und Kompostieren Erfolge erzielst. Suche nicht nach den großen Wundern, sondern den kleinen Wirkungen, die dann zu Wundern werden, wenn viele andere es dir gleichtun. Suche Tools, Apps und Blogs, die dir dabei helfen. Ermittle den Schadstoffgehalt, den Anteil von Mikroplastik, von Umweltverschmutzung in all deinen Konsumgütern. Freue dich mit anderen, dass du Entscheidungskriterien zurückgewinnst, um dich für oder gegen etwas zu entscheiden. Nutze das Internet und Foren, um dich zu informieren, auszutauschen, dort ein Gegengewicht zu setzen, wo bisher die gesellschaftliche Regulierung versagt. Selbstwirksam ist es, wenn du so Kriterien darüber gewinnst, welche nachhaltige Wertigkeit jede Ware in deinem Leben hat.

Anstupsen zum Guten

Mit den kapitalistischen Märkten ist die Menschheit in ein Zeitalter umfassender Beeinflussung getreten, das durch Werbung, Wunschvorstellungen wie auch die Ignoranz von daraus resultierenden Folgen für Mensch und Umwelt geprägt ist. In den Humanwissenschaften hat sich die Auffassung verbreitet, dass die biologische Evolution den Menschen mit zwei Wahrnehmungssystemen ausgestattet hat, um sein Überleben zu sichern:

Das eine System ist nicht-sprachlich, schnell und erfahrungsbezogen, es agiert und reagiert im hohen Grad emotional, intuitiv und folgt oft eher dem Bauchgefühl und ganzheitlichen Wahrnehmungen. Dies entspricht menschlichen Intentionen, die mit Wünschen und Projektionen auf ein gelungenes Leben vermischt sind und ein offenes Wahrnehmen möglicher Chancen in allen Situationen als Wille und Antrieb benötigen. Dieses System wird besonders durch die Werbeindustrie der Konsumgesellschaft emotional angesprochen.

Das andere System ist eher rational, kühl, langsam und distanziert. Wille und Antrieb werden hier auf die Gedankenprobe und in der Durchführung auf die Erfolgsprobe gestellt, sofern dafür Geduld, Zeit, Ausdauer und Tatkraft genug vorhanden sind. Dieses System wird gern durch Überredung, Versprechungen und geschönte Darstellungen von außen manipuliert.

Schauen wir auf beide Systeme, dann ist das menschliche Verhalten meist leichter beeinflussbar, als wir es selbst für möglich halten wollen. Menschen lassen sich vielfältig »anstupsen«, oft auch manipulieren. Die Wirtschaft setzt durch ihre Werbung mit aller Macht auf solche Beeinflussung. Im Kapitalismus gilt, dass das Ziel des Nudges – des Anstupsers – verborgen wird, wie auch die Urheber unsichtbar bleiben. Die Angestupsten sollen vielmehr annehmen, dass *sie sich selbst* motiviert haben, weil sie glauben, dass ihnen das angestupste Produkt fehlt, und also meinen, sie bräuchten es unbedingt.

Befragungen zeigen, dass Menschen, wenn sie zum Rauchen, Energie- und Wasserverbrauch, Sparen für das Alter oder ihrer Nachhaltigkeit befragt werden, das rationale System 2 bevorzugen, um mehr Kontrolle zu behalten, obwohl das System 1 meist höhere Wirkungen für Verhaltensänderungen erzeugt. In der heutigen Werbung bis hin zur politischen Beeinflussung hat sich eine kunstvolle Manipulationsmaschine herausgebildet, die Menschen leichterhand beeinflussen kann. Zahlreiche Studien der Medientheorie belegen diese Entwicklung. Um die Menschen zu beeinflussen, werden überall Nudges genutzt, denn die Menschen ändern ihr Verhalten nur grundlegend, wenn auch ihre Emotionen, ihre Sehnsüchte und Ängste, angesprochen werden. Allein durch rationale Argumente können sie zwar Dinge verstehen und auch für richtig halten, ihr Handeln ändert sich aber dadurch nur sehr selten. In Bezug auf solche Strategien ist es also zunächst zentral, sich darüber bewusst zu werden, wie beeinflussbar wir sind und wessen Interessen sichtbar werden, wenn wir konkrete Nudges betrachten. Die Grundfrage lautet: Sollen wir beeinflusst werden, etwas zu kaufen oder zu tun, was wir bei näherem Nachdenken im Grunde gar nicht wollen? Oder wollen wir uns selbst beeinflussen und anspornen, um ein Verhalten zu ändern, uns positiv für lebenswerte Zwecke anzuspornen? Es ist offensichtlich, dass unser Verhalten heute über Nudges stark beeinflusst wird. Deshalb werden Milliarden in die Werbung gesteckt. Leider kommt deutlich weniger dort an, wo es um die Stärkung des Allgemeinwohls geht. Werbungen für nachhaltige Ideen, Produkte und Verhaltensweisen konkurrieren mit einem kommerziellen Markt, der alle Möglichkeiten der Beeinflussung nutzt und können dagegen nur bestehen, wenn sie die gleichen Instrumente nutzen, um für eine bessere Welt zu kämpfen. Da solche Werbung dann nicht den Profit als Ziel setzt, kann sie die Strategien der Beeinflussung aber immer auch offenlegen und sichtbar machen. Etwa dadurch, dass im Ökomarkt ein Schild steht: »Wir haben dies in eurer Augenhöhe platziert, damit ihr dieses Produkt leichter findet und kauft! Wir halten es nämlich aus folgenden Gründen für nachhaltig: …!« Solche Ehrlichkeit wird in der Werbung für mehr Nachhaltigkeit benötigt, um die nachhaltige Überzeugungsarbeit transparent zu halten. Da die Nachhaltigen nicht über Werbemilliarden verfügen, bedarf es eines hohen Engagements und kreativer Ideen, eine nachhaltige Nudge-Kultur zu entwickeln.

> Nachhaltigkeit benötigt
> eine überzeugende Erzählung

Eine Verhaltensänderung der Menschen gelingt dann leichter, wenn diese sich selbst die Erzählung der fehlenden Nachhaltigkeit glaubhaft machen können, wenn sie lernen, hinzuschauen und anzuerkennen, dass sie einer enormen Bedrohung gegenüberstehen. Diese Erzählung muss so stark sein, dass sie System 1 und 2 zugleich anspricht. Wie aber können wir solchen Erzählungen in unseren Alltag – oder eher: neben dem hektischen Alltag – mehr Raum verschaffen? Wie können wir hinreichend Kräfte entfalten, um uns über uns selbst aufzuklären? Wir müssen immer bei uns selbst beginnen und fragen, inwiefern wir *Teil* der Geschichte sind, inwiefern wir zu ihrem Verlauf und auch zu ihrem Ausgang beitragen:

- Welchen Fußabdruck habe ich in meinem bisherigen Leben hinterlassen? Wie steht er im Vergleich zu anderen da? Wie bewerte ich ihn? Was sagen meine rationalen Überlegungen, was sagt mir mein Bauchgefühl?

- Worin liegen die Potenziale meiner Nachhaltigkeit? Was kann ich sofort, was später verbessern? Wie lautet mein Plan? Wie entwickelt sich die Kurve meiner selbstwirksamen Nachhaltigkeit? Wie kann ich mich dabei emotional motivieren?

- Wie wirke ich auf ein Umdenken anderer nicht nur rational, sondern auch emotional und praktisch ein? Welche meiner nachhaltigen Erfolge können am besten in eine Erzählung verwandelt werden, um andere zu inspirieren?

Solche individuellen Erzählungen können zudem noch stärkere Kraft entfalten, wenn sie mit echten Naturerlebnissen zusammenkommen und so für die neue Haltung Belohnung bringen, da sich dann sehen und spüren lässt, wofür man eintritt. Je mehr Zeit wir für Naturerfahrungen, Beziehungen, für Kunst, Bewegung und Gesundheit aufwenden, umso mehr werden wir uns damit auch vielseitig beschäftigen und mit anderen darüber sprechen und so einen neuen Sinn des Lebens erschließen. Teil der Erzählung könnte dann sein, dass wir uns wieder vermehrt mit Dingen beschäftigen, die nicht käuflich sind, mit Ereignissen, die unserer Welt wieder Vielfalt statt konsumierende Einfalt schenken. Dabei ist ein Aspekt besonders wichtig: Unsere Erzählung endet nicht im Beliebigen, sondern in klaren Entscheidungen für nachhaltige Maßnahmen, wir lernen, unser Verhalten nach Zielen für das Allgemeinwohl auszurichten.

Nachhaltigkeit braucht Zukunftsvisionen

Wie lässt es sich vermeiden, dass selbst die Nachhaltigen sich belügen? Zwei Voraussetzungen sind notwendig, um in der Nachhaltigkeit tatsächlich Erfolge zu erzielen:

Erstens eine langfristige Planung und Voraussicht, ein Mut, weit in die Zukunft zu denken und unbequeme, feste und vorausschauende Entscheidungen dann zu treffen, wenn erste Probleme wahrnehmbar sind, anstatt dies erst dann zu tun, wenn Ereignisse sie unvermeidbar machen.

Zweitens eine Bereitschaft, Kernwerte und Traditionen der bisherigen Gesellschaft – wie fossile Energien oder überflüssigen Konsum – infrage zu stellen, da wir uns von solchen Werten und Zielen verabschieden müssen, die früher gut waren und Erfolg brachten, jedoch gegenwärtig unter veränderten Bedingungen kontraproduktiv werden.

Die fünf R's

Wenn wir die Nachhaltigkeit selbstwirksam auf individueller Ebene revolutionieren wollen, dann sind die fünf R's entscheidend, die wir unserer Konsumwelt und unserem negativen Fußabdruck entgegenstellen müssen:

1. *Refuse* oder ablehnen: Konsumverzicht, die Überprüfung, ob wir etwas tatsächlich dringend benötigen (etwa: Warte bei größeren Anschaffungen 30 Tage zwischen Kaufwunsch und Kauf) sowie die Abwägung, was uns im Leben wichtig und was überflüssig ist.

2. *Reduce* oder reduzieren: Weniger ist in der Nachhaltigkeit mehr. Wenn wir etwas benötigen, wie groß, umfangreich, vollständig muss es dann sein? Zur nachhaltigen Haltung und Selbstwirksamkeit gehört, neue Fragen zu stellen: Gibt es eine kleinere, nachhaltigere Lösung? Kann ich gemeinsam mit anderen meinen Konsumanspruch teilen und dadurch meinen Fußabdruck verkleinern?

3. *Reuse* oder wiederverwenden: Welche Produkte halten länger? Wie gehen wir den Weg von Zero Waste? Wie können wir Unternehmen dazu bringen, Waren herzustellen, die lange halten? Was lässt sich reparieren? Wer kann meine abgelegten Dinge noch gebrauchen? Wann kaufe ich Secondhand? Wie tausche ich Gegenstände, die andere noch nutzen können? In der Selbstwirksamkeit ist es entscheidend, Freude und Glück zu empfinden, wenn der eigene nachhaltige Beitrag sichtbar wird, wenn er anderen gezeigt werden kann, wenn er anspornt, noch mehr in diese Richtung zu gehen. Wir müssen umlernen, eine große Freude nicht bei neuen Konsumgütern zu empfinden, sondern vor allem bei der Wiederverwertung von dem, was schon da ist und besser genutzt werden kann.

4. *Recycle* oder wiederverwerten: Deutschland gehört zu den Müll-Weltmeistern, das kann jede und jeder ändern. Recycling ist hier ein Weg, auch wenn die Infrastruktur noch nicht befriedigend genug dafür ist. Trotzdem kann ich mein Leben so einrichten, dass ich so viel wie möglich wiederaufbereite. Besonders bei Textilien ist dies gegen den Trend, aber förderlich für die Umwelt. Dies

greift in die Mode und unsere Selbstbespiegelungen ein. Wann wird es schick und modebewusst, die Nachhaltigkeit offen nach außen zu zeigen? Wäre es nicht schön, dies zunächst innerhalb der Gemeinschaft der Nachhaltigen offen zu demonstrieren?

5. *Rot* oder kompostieren: Lebensmittel wegzuschmeißen, über die Verhältnisse zu leben, die Ökokreisläufe zu sabotieren, das ist ein Kontrollverlust, der heute noch massenhaft geschieht. Auch wer keinen Garten hat, kann zum Kompostieren beitragen. Es gibt keine Ausreden. Befülle die braune Tonne.

Gestalte eine eigene Infrastruktur zur Entfaltung deiner nachhaltigen Handlungen!

Die nächste Dimension nach dem Aufbau einer nachhaltigen Haltung und Schritten in die Selbstwirksamkeit kann sich entfalten, wenn eine eigene Infrastruktur der Nachhaltigkeit im näheren Umfeld aufgebaut und gestärkt wird.

> Die lokale Nachhaltigkeit stärken

Menschen sollten im Lokalen direkt bei der Gestaltung der Infrastrukturen beteiligt werden, mitbestimmen können, was in ihrer Kommune und in der Nähe geschieht. Davon sind wir weit entfernt: Eher als Eigentümer einer Immobilie bin ich frei, bei Heizung und Strom regenerativ vorzugehen. Als Mieterin kann ich immerhin Ökostrom beziehen. Gefördert wird eine solche Umstellung deutlich zu wenig. Ich kann auch meinen Konsum auf Nachhaltigkeit umstellen, wenn es wohnortnah einen ökologischen und fairen Handel gibt, aber das ist mit hohen Kosten verbunden. Beim Einkauf meiner Lebensmittel kann ich eine biologische Landwirtschaft und faire Arbeitsbedingungen unterstützen, Abfälle, Verschwendung und Müll vermeiden, das Wasser sauber halten und sparsam mit ihm umgehen. Ich kann mit deutlichem Aufwand Plastik und Mikroplastik aus meinem Leben vertreiben, aber schon in der Mitgestaltung der staatlichen Vorsorge hierzu bin ich immer noch der Dominanz einer Politik der Nicht-Nachhaltigkeit ausgesetzt, die bisher dafür sorgt, dass nachhaltiges Verhalten eher die Ausnahme bleibt und noch lange nicht die Regel ist. Immerhin habe ich eine Stimme bei jeder Wahl. Die kann ich nutzen.

Im individuellen Handeln habe ich als Konsument durch die Nachfrage nach nachhaltigen Produkten und das eigene Verhalten zumindest immer die Chance, das Angebot und die Infrastruktur zu beeinflussen. Individuell können sich alle einen Plan machen, um die eigene Infrastruktur nachhaltiger zu gestalten und auszubauen:

- Wie senke ich die von mir verursachten Emissionen in meinem Haushalt? Wie spare ich Energien? Wie vermeide ich Treibhausgase?
- Wie beschränke ich und stelle ich meine Mobilität so um, dass ich fossile Brennstoffe vermeide und stärker auf das Fahrrad als auf das Auto setze? Wie nutze ich besser den

öffentlichen Nahverkehr? Wie beeinflusse ich ihn in meiner Kommune in Richtung Nachhaltigkeit?

- Wie kann ich mein Reiseverhalten nachhaltiger gestalten? Welche Emissionen wird meine nächste Reise verursachen? Nach welchen Kriterien wäge ich ab, ob ich unter solchen Bedingungen reisen will?
- Wie senke ich den Verbrauch von Rohstoffen? Wie gewinne ich Klarheit darüber, welche Konsumgüter welche Rohstoffe verbrauchen, die Umwelt belasten oder unter unwürdigen Arbeitsbedingungen hergestellt werden und welche Bilanz das für mich erzeugt? Achte ich beim Einkaufen konsequent auf Fairtrade? Wähle ich Textilien aus, die sich lange nutzen, tauschen, wiederverwenden lassen? Nutze ich Unverpacktläden, und erleben meine Kinder, welchen Spaß es macht, die unverpackten Waren selbst zu sortieren, intelligent aufzubewahren und wertschätzend zu verwenden?
- Wie gehe ich im Alltag vor, um Müll zu vermeiden? Was weiß ich über Zero Waste und mögliche Strategien? Vermeide ich, wo immer es geht, Plastik, habe ich meine eigenen wiederverwendbaren Einkaufsbeutel? Wo finde ich in meinem Haushalt Mikroplastik (etwa in der Kosmetik), und was tue ich dagegen? Fische ich aus meiner Wäsche Mikroplastik heraus?
- Wie stelle ich meine Ernährung um? Wie viel bringt es, wenn ich meinen Fleischkonsum halbiere, wie viel, wenn ich vegetarisch oder vegan lebe? Wechsle ich, wo immer es geht, auf Bioprodukte, um diesen Bereich durch meine Nachfrage zu stärken?

- Welche Konsumgüter brauche ich wirklich? Inspiriert mich der Minimalismus, genauer zu schauen, was ich im Leben wirklich brauche? Wie schnell will ich alte Dinge gegen neue ersetzen? Welche Ökolasten werden dabei für mich sichtbar? Wie gehe ich damit um, dass in der Regel ein höheres Einkommen einen deutlich negativeren Fußabdruck erzeugt? Was sagt etwa mein CO_2-Rechner (https://uba.co2-rechner.de/de_DE/)?
- Wie agiere ich politisch, damit endlich eine Verkehrswende in meiner Kommune stattfindet, damit der Staat sich deutlicher zur Nachhaltigkeit bekennt, eine nachhaltige Erziehung und Bildung in den Schulen meiner Kinder verbindlich macht, die Welt in Richtung von mehr Nachhaltigkeit reguliert?

Schluss mit den Ausreden: Wir müssen uns lokal und regional politisch in Parteien oder NGOs oder anderen Organisationsformen engagieren, wenn wir das Feld nicht immer anderen überlassen wollen! Wir müssen unsere eigene nachhaltige Infrastruktur vor Ort organisieren!

Ein Vorbild für Nachhaltigkeit sein

Wenn wir diesen Weg gehen, ist es wichtig, dass wir unsere Überzeugungen weitergeben, dass wir die Gedanken in die Welt tragen, um zu zeigen, dass jeder und jede etwas tun kann, dass es nicht aussichtslos ist und wir bereits viele sind. Wie erreichen es die Nachhaltigen, dass alle Menschen sich der Nachhaltigkeit zuwenden? In dieser dritten Dimension unserer Nachhaltigkeitsagenda sind wir schon weit, wir schaffen bereits eine nachhaltige Infrastruktur für uns. Dazu mussten wir die ersten beiden Schritte gehen: Uns einen Überblick verschaffen, nachhaltiges Wissen aneignen, eine Haltung entwickeln. Und dann erste selbstwirksame Erfolge haben und erkennen, wie es gelingen kann, und sei es auch nur in ersten kleinen Schritten, nachhaltiger zu werden. Damit können die Nachhaltigen bereits ein Vorbild sein, anderen Wege aufzeigen, nicht einfach dogmatisch eine Veränderung fordern, sondern zum Nachdenken und Nachmachen persönlich anregen, indem sie von ihren Erfahrungen erzählen. Je mehr sie andere zwingen wollten, es ihnen gleichzutun, desto mehr werden sie mit Verweigerungen rechnen müssen. Die Kunst der Nachhaltigkeitserzählung besteht darin, andere spüren zu lassen, wie dringend und wichtig die Aufgabe ist. Die Geduld, die dies angesichts der nahenden Krisen erfordert, ist leider nichts für schwache Nerven.

Höhere Kosten sind unvermeidbar

Noch schwimmt die Mehrheit in den reichen Ländern im Hochwasser des Überflusses mit, umgeben von einer schier unendlichen Zahl an Konsumgütern. Ein Verlust dieses Überflusses würde sofort das Gefühl vermitteln, nicht mehr dabei zu sein, nicht mehr mithalten zu können. Das neueste iPhone unterscheidet sich nur marginal von seinem Vorgänger, aber die Werbung suggeriert die Fortschritte als technologische Wunder, eine endlose Kette von Wundern und Wünschen steht uns ständig vor Augen. Wir erzeugen unendlichen Müll durch kleine Unterschiede, immer neue Besitzobjekte, die in unserem Hochwasser des

Überflusses mit uns schwimmen, wir überschwemmen die ganze Welt mit unserem Konsum, ohne noch hinreichend Kriterien dafür zu besitzen, was unumgänglich notwendig oder einfach nur überflüssig schick ist.

Nachhaltigkeit ist als Verzicht nicht sexy, sie hat in keinen Actionfilm einen Platz, aber dennoch erhöht sich die Zahl der vielen kleinen Heldengeschichten, wo Minimalismus und Zero Waste praktiziert, auf eine lange Reise verzichtet, der Fleischverzehr gestoppt oder das Auto stehen gelassen wird. Es bedeutet eine große Herausforderung, endlich die Ambivalenz zu überwinden, die in dem Moment entsteht, in dem wir den eigenen Kindern recht geben, wenn sie die Fridays for Future besuchen, um im nächsten Moment die Urlaubsreise per Billigflieger oder den neuen Diesel zu bestellen.

Wenn wir vor solchen Ambivalenzen stehen, denken wir schnell an andere, die es richten sollen: Ist es nicht die Aufgabe des Staates, für Nachhaltigkeit zu sorgen? Und warum soll ich mich beschränken, wenn es auch sonst keiner tut? An diesem Punkt dürfen wir nicht stehen bleiben, sondern müssen klar sehen, dass wir durch unser Verhalten großen Einfluss auf den Lauf der Dinge haben: Wir können durch unser eigenes Konsumverhalten Druck auf die kapitalistische Gesellschaft ausüben und mehr Menschen durch unsere Erzählungen davon überzeugen, es uns gleichzutun. Je massenhafter dies geschieht, desto größer werden die Auswirkungen sein. Das alles wird einiges kosten, es wird höhere Preise verursachen und einen viel höheren Aufwand bedeuten, aber der Erhalt einer lebenswerten Umwelt sollte uns das wert sein.

Richte deinen Konsum an seiner Nachhaltigkeit und nicht an günstigen Preisen aus!

Wenn es ans Geld geht, betreten wir eine höhere Dimension der Nachhaltigkeit. Als Grundsatz gilt: Billige Preise verweisen leider meistens darauf, dass die Waren unter nicht nachhaltigen Bedingungen hergestellt worden sind. Was aber ist ein nachhaltiger Konsum?

Ein nachhaltiger Konsum nutzt Güter oder Dienstleistungen, die Bedürfnisbefriedigungen sichern, ohne dabei aber diese Möglichkeiten für zukünftige Generationen dadurch zu gefährden. In erster Linie ist dafür die Umweltrelevanz des Konsums zu berücksichtigen, in zweiter Linie spielen auch soziale Gesichtspunkte eine Rolle, insofern sie die Zukunft mitbestimmen. Wohnen, Ernährung und Mobilität sind die drei größten Faktoren, die heute eine negative Ökobilanz auf individueller Ebene bewirken. Diese drei Faktoren lassen sich über den Markt und die Ausgaben der Konsumenten beeinflussen. Das Gebot lautet: Mache Nachhaltigkeit zu deinem Statussymbol. Bevorzuge Waren, die haltbarer als andere sind, die eine bessere Ökobilanz haben, fordere solche Waren auf den Märkten ein, orientiere dich nicht an scheinbar günstigen Preisen, sondern denke weiter: Die günstigen Preise werden uns alle in der Zukunft teuer zu stehen kommen. Auch hier ist wieder Wissen gefordert, denn, wer mehr Nachhaltigkeit will, muss sich vor dem Greenwashing schützen, das gern genutzt wird, um

Dinge zu versprechen, die gar nicht der Wahrheit entsprechen. Eine andere Strategie ist es, die schädlichen Auswirkungen einfach zu verschweigen.

Wohnen, Ernährung und Mobilität umstellen

Beim *Wohnen* spielt zunächst das Wohngebäude eine wesentliche Rolle. Die Gebäudehülle ist meist nur mit hohem Aufwand zu verändern, aber die Raumwärme und der Warmwasserverbrauch wie auch der Stromverbrauch lassen sich auch durch das Verhalten steuern. Wähle Öko-Anbieter und nutze Haushaltsgeräte und andere elektronische Geräte, die sowohl von den verwendeten Rohstoffen als auch vom Verbrauch her ökologisch nachhaltig wirken, vielleicht kannst du die Industrie durch die Bevorzugung nachhaltiger Produkte dazu bringen, hier nachhaltigere Angebote zu machen. Die Beleuchtung lässt sich energiesparend gestalten. Insgesamt sollte der Ökostrom in jedem Haushalt primär werden, was vom Staat und den Energieanbietern verlangt, klimaneutrale Technologien durchzusetzen. Eine Gebäudesanierung, die sich dieser Veränderungen annimmt, ohne Kosten und Mieten in die Höhe schießen zu lassen, ist eine Hauptaufgabe der staatlichen Förderung, aber auch Regulierung, um klimaneutral zu werden.

In der *Ernährung* entstehen etwa ein Drittel der Umweltbelastungen durch Privathaushalte. Die Lebensmittelproduktion und -versorgung trägt erheblich zur erhöhten Bildung von Treibhausgasen bei. Die Landwirtschaft erzeugt etwa die Hälfte der gesamten ernährungsbedingten Treibhausgasemissionen, wobei tierische Nahrungsmittel einen großen Anteil ausmachen. Wasserverbrauch, Schadstoffbelastungen, Artensterben und Bodenerosion sind wesentliche Auswirkungen vor allem eines nicht-ökologisch orientierten Anbaus. Auch hier gilt, Klimaneutralität durch klimaneutrale Technologien wie erneuerbare Energien, Wasserstoff und Bioenergien zu gestalten. Und für den Konsum der Verbraucherinnen ist eine Umstellung auf Bioprodukte nachhaltig. Was kann man im Einzelnen tun?

Tierische Produkte und Genussmittel reduzieren, kein Gewächshausgemüse und keine Flugware kaufen, eine vegetarische oder vegane Ernährung bevorzugen. Vor allem aber nur das kaufen, was man tatsächlich konsumieren kann, also keine Nahrung wegwerfen und Reste immer kompostieren. Auch eine regionale und saisonale Ernährung stärken die Nachhaltigkeit. Auf das eigene Körpergewicht zu achten, das ist nicht nur für die Gesundheit, sondern auch für die Nachhaltigkeit zielführend. Für deutliche nachhaltige Effekte sorgt bereits eine Mengenumstellung: Weniger ist immer mehr!

In der *Mobilität* sind der motorisierte Individualverkehr und der Lkw-Transport besonders schädlich. Hier hilft es, die Nutzung des Autos so weit wie möglich einzuschränken, den öffentlichen Verkehr oder Carsharing zu nutzen, auf ein Elektroauto umzusteigen (wenngleich dessen Öko-Bilanz nicht ganz so positiv ausfällt, wie viele denken), möglichst ganz auf Flugreisen und Seekreuzfahrten zu verzichten. Die Entwicklung einer umfassenden Wasserstofftechnologie ist jetzt schon für Schiffe, Flugzeuge und

Lkws ein günstiger Weg, in Zukunft wird er auch für Pkws bessere Effekte erzielen können als das reine Elektro-Auto. Viele Arbeiten lassen sich heute online von zu Hause aus erledigen. Das steigert allerdings den Stromverbrauch, sodass dessen Bindung an erneuerbare Energien dringlich geboten ist.

Wähle Parteien und Regierungen und schließe dich Bewegungen an, die Nachhaltigkeit als vorrangige Aufgabe der Gegenwart sehen und sie tatsächlich realisieren wollen!

Wer sich für Nachhaltigkeit oder andere vernünftige Lebens- und Verhaltensweisen einsetzt, der muss von vornherein eine Kränkung hinnehmen, die der Prozess der Demokratisierung mit sich bringt, denn bei demokratischen Entscheidungen können die Mehrheiten in dem, was sie tun, irren. Sie werden oft durch die Interessen weniger in die Irre geleitet. In Bezug auf die Nachhaltigkeit hoffen heute wissenschaftlich reflektierte Menschen, dass sich Mehrheiten gewinnen lassen, die eine Risikoanalyse ernst nehmen und nicht mit nachhaltigen Handlungen so lange warten, bis sie den negativen Auswirkungen des nicht-nachhaltigen Handelns nichts mehr entgegensetzen können. Aber wie lassen sich Mehrheiten für etwas gewinnen, das vor allem auf Veränderungen von lieb gewonnenen

Gewohnheiten, Verzicht und Abbau von Wunschvorstellungen angewiesen ist?

> Nachhaltige müssen Mehrheiten gewinnen!

Jede Stimme zählt in der Nachhaltigkeit, die Nachhaltigen sind noch nicht in der Mehrheit, sie müssen also andere überzeugen, für die Nachhaltigkeit einzutreten. Es gibt schon viele, besonders jüngere Menschen, die nachhaltig denken. Aber es sind trotzdem noch zu wenige, sodass es eine Aufgabe ist, sich einer Bewegung anzuschließen oder eine eigene zu gründen. Es beginnt mit dem Widerstand gegen die scheinbare Alternativlosigkeit dessen, was gegeben ist! Es ist notwendig, dass wir die individuellen Dimensionen überschreiten, es kommt darauf an, in sozialen Gruppen zu denken und zu handeln, um Nachhaltigkeit gesamtgesellschaftlich stärker durchzusetzen. Der Wille zur Wahrheit ist mit einem Januskopf versehen: Sieht sich die eine Seite als Urheber der menschengemachten Veränderungen und ihrer Konsequenzen für die Zukunft, so schreckt die andere hiervor zurück und sucht nach Wahrheiten, die der Menschheit noch viel Zeit lassen oder durch wissenschaftlich-technischen Fortschritt die alten Gewohnheiten und Verursachungen retten können. Da die Menschheit aus einem Zeitalter fehlender Nachhaltigkeit kommt, scheint sie überfordert, sich dem neuen Problem zu stellen und sucht immer noch nach Lösungen aus der erfolgreichen Vergangenheit.

Hinterfrage alle Nachrichten!

Die Informationen über die Welt und die Nachrichten stehen heute alle wild nebeneinander, und es ist mühsam, sie zu ordnen und zu hinterfragen. Alle sollen, das ist der demokratische Anspruch, selbst aus diesem Konglomerat, das immer schon von Interessengruppen geprägt ist, auswählen. In dieser Sammlung von Meldungen ist es schwer, eine eigene Übersicht zu finden, Fakten von Entstellungen zu unterscheiden. Es gibt keine unbestrittene Faktenlage zur Nachhaltigkeit, weil es im Pluralismus immer um Deutungen, Diskussionen, Meinungen und Gegenmeinungen geht, die alle nebeneinander dargestellt werden. Für die Nachhaltigkeit ist es wichtig zu lernen, zwischen *Faktizität* – dem, was wir für faktisch gegeben und wahr halten – und *Geltung* – dem, was Mehrheiten und Institutionen oder Regierungen in ihren Regeln und Gesetzen, in Regulierungen und festgelegten Durchführungsbestimmungen für wahr und gültig halten – zu unterscheiden. Die Geltung bestimmt das, was einzelne Nationen aus der Faktenlage etwa zur Klimakrise als »Wahrheit« ihres Programms bestimmen. Das Individuum kann zwar kritisch hinterfragen, welche Handlungsmotive das staatliche oder politische Handeln motivieren, um so den Meinungsmächten kritisch zu begegnen, aber es steht zugleich einem Mainstream mit Deutungshoheiten gegenüber. Erst in einer kritischen Haltung wird dann offenbar, dass alle Informationen immer schon bestimmten Interpretationen mit selektiven Interessen unterworfen sind.

Das zeigt sich etwa bei Definitionen von Grenzwerten sehr deutlich. Grenzwerte geben die Werte an, ab deren Erreichung etwas schädlich ist, sind also eigentlich von den Wissenschaften recht klar zu bemessen. Aber was ist, wenn die Grenzwerte geschönt, durch den Einfluss von Lobbyisten und unambitionierter Politik manipuliert sind? Was ist, wenn die gesetzten Werte erheblich der Gesundheit schaden, weil die Politik die Autoindustrie schützen will? Was ist, wenn es vorrangig um Wirtschafts- und nicht um Gesundheitsinteressen geht? Der Dieselskandal mit dem Betrug der Autoproduzenten zeigt, wie sicher sich die Kunden fühlen sollen, wenn sie nur auf die behaupteten Werte schauen, aber nicht den Betrug dahinter zu sehen vermögen. Und in welchem Verkaufsfeld können wir heute noch sicher sein, nicht betrogen zu werden? Warum schützt uns der Staat, wenn er denn dem Allgemeininteresse dienen soll, nicht hinreichend vor solchem Betrug?

Nachhaltige Bündnisse schließen!

Es ist unbestreitbar, individuell und in einer überschaubaren Lebenswelt können jede und jeder bereits viel für die Nachhaltigkeit tun, sie können es für sich, ihre Kinder, Freundinnen und Bekannten, sie können es auf lokaler Ebene in unmittelbaren Beziehungen mit viel Engagement machen. Aber sie wissen zugleich, dass die Nachhaltigkeit eine globale Welt betrifft und also weiterer Mittel bedarf. So, wie sie sich zunächst für sich und ihre Nachhaltigkeit informiert haben, eine eigene Haltung und Selbstwirksamkeit aufgebaut haben, eine Infrastruktur in ihrer Umwelt organisieren und gestalten, sich weniger an Preisen, sondern an nachhaltigen Wirkungen orientieren, so müssen sie einen weiteren Schritt gehen, und sich damit beschäftigen, wer neben ihnen und ihren Beziehungen sonst noch für Nachhaltigkeit steht. Jetzt stellt sich die Frage: Wie kann die eigene Überzeugung in eine größere politische Dimension übersetzt werden? Welche Bündnisse lassen sich schließen?

Es gibt viele Fragen nach dem richtigen Weg: Reicht es, zu den Wahlen zu gehen, um denen eine Stimme zu geben, die mehr Nachhaltigkeit versprechen? Es ist ein erster Schritt. Ein zweiter wäre es, sich in einer Partei zu engagieren. Hier ist man allerdings dominanten Strömungen politischer Meinungsbildung in der jeweiligen Partei unterworfen. Ist die außerparlamentarische Opposition günstig, um mehr Nachhaltigkeit durchzusetzen? Sie ist zumindest immer notwendig, weil Parteien oft erstarren, wenn sie einmal an der Macht sind und diese erhalten wollen. Sind NGOs die beste Form, Nachhaltigkeit mit klaren Aktionen zu erkämpfen? Sie sind notwendig, um kraftvoll in die konkrete und auch spontane Handlung zu kommen. All diese Wege sind sinnvoll, um etwas für die Nachhaltigkeit zu tun – es gibt nicht den *einen* richtigen Weg, vielmehr müssen die eigenen Wege gefunden werden: Ganz gleich, wie man sich entscheidet, für die Stärkung der Nachhaltigkeit ist es wesentlich, dass man nicht allein bleibt und dadurch Gefahr läuft, zu denken, dass sich ohnehin nichts erreichen lässt. Im Kampf um Nachhaltigkeit müssen sich die Nachhaltigen gemeinsam all jenen entgegenstellen, die den Planeten weiterhin schonungslos zerstören wollen. Die

Nicht-Nachhaltigen sind entweder durch Argumente oder vorbildliche Taten zu überzeugen. Geht das nicht hinreichend, dann bleibt nur, sie zu überstimmen.

Kämpfe für eine aufgeklärte und nachhaltige Erziehung, Politik, Wissenschaft!

Die ersten fünf Dimensionen haben die individuelle Verantwortung betont, sich auf das gerichtet, was jede und jeder tun kann, um für Nachhaltigkeit zu kämpfen. Für diese individuellen Faktoren ist immer auch das Soziale bedeutsam, aber jetzt sollen ausdrücklich konkrete soziale Ideen entwickelt werden, wie sich die Gesellschaft insgesamt in eine nachhaltige umgestalten lässt. Um die Nachhaltigkeit zu stärken, ist es zunächst eine vordringliche Aufgabe, den Staat, die Medien und die Öffentlichkeit dazu zu bringen, allen Menschen eine umfassende Erziehung und Aufklärung über Nachhaltigkeit auf wissenschaftlicher Grundlage zu ermöglichen! Ein Lernen für Nachhaltigkeit muss in allen Erziehungsinstitutionen und in den Medien zur Priorität werden, denn das ist die zentrale Aufgabe der Menschen dieses Jahrhunderts! Dies schließt eine umfassende Aufklärung über die globalen Grenzen der Erde, über die Gefahren aller Aspekte fehlender Nachhaltigkeit ein. Zugleich sind Empfehlungen für nachhaltiges Verhalten in den Praktiken und Routinen des sozialen Lebens zu verankern, in den Institutionen zu vermitteln und auch praktisch zu erproben! Es müssen vielfältige Programme der nachhaltigen Bildung für alle Personengruppen, für eine Veränderung des nachhaltigen Verhaltens, es muss eine Werbung für Nachhaltigkeit entstehen, die zugleich Erfolge in der Nachhaltigkeit mit Anerkennungen und Aufstiegschancen gesellschaftlich honoriert.

> Die nachhaltige Unbildung muss ein Ende haben!

Im Grunde spüren viele Menschen heute schon, was zu tun wäre, um Nachhaltigkeit in der Erziehung zu verbessern. Nachhaltigkeit ist zwar mittlerweile als ein Thema neben vielen anderen in den Medien angekommen, aber noch nicht verbindlich in den schulischen Lehrplänen. Weder ist die Komplexität des Themas im Lernen für alle Lernenden verpflichtend, noch sind die Entscheidungsträger aus Politik, Wirtschaft, Wissenschaft und relevanten Interessengruppen bereit, das Thema umfassend genug im Bildungssystem mehrheitlich durchzusetzen. Die Deutschen bleiben bisher nachhaltig weitgehend ungebildet. Insbesondere Verzichtsleistungen sind tabuisiert und Wunschträume immerwährenden Wachstums ohne nachweisbare regenerative Technologien, die zu Umkehreffekten führen *könnten*, werden fantasiert, um die Öffentlichkeit zu beruhigen. Viele schrecken schon vor den Fridays for Future zurück. Dabei sind sie diejenigen, die mutig und ehrlich die Realität ansprechen: Wir müssen die fossilen Energien sofort abbauen und die Klimaziele nach wissenschaftlichen Maßstäben einhalten, sonst ist unser Planet nicht mehr zu retten! Diese Lernenden sind den Lehrenden weit voraus!

> Hindernisse nachhaltiger Bildung überwinden!

Das Wissen der Welt ist in Schulfächer aufgeteilt, die wiederum nicht nach wichtigen und weniger wichtigen Themen gewichtet sind. Insbesondere drei Konstruktionen in der Bildung bedingen eine Struktur, die ein erforderliches nachhaltiges Bewusstsein behindern:

1. *Immer mehr neue Inhalte und keine Priorisierung:* Die Wissenschaften erzeugen immer neue Inhalte durch neue Forschungsergebnisse, die sie in Spezialisierungen führen. Aber was von diesem Wissen ist für alle notwendig? Wie sollen zukunftsfähige Entscheidungen in der Nachhaltigkeit überzeugend getroffen werden, wenn schon in Erziehung und Bildung keine klaren Priorisierungen vorhanden sind, sondern fachliche Themen additiv nebeneinanderstehen? Fachwissen ist besonders in konkreten Anwendungen in der gesellschaftlichen Arbeitsteilung notwendig, also etwa in bestimmten Berufen oder bei bestimmten Problemen. Aber was davon brauchen alle Heranwachsenden in einer allgemeinbildenden Schule notwendig, und welchen Stoff sollten sie nach Interesse und Neigungen wählen können? Welche Themen müssen für alle verbindlich sein, wo darf es Abwahlen oder Vertiefungen geben? In der deutschen Schule ist durch die inhaltliche Überfülle die Frage verloren gegangen, relevanten Stoff für das zukünftige Leben auszuwählen und sich dadurch den drängenden Veränderungen der Zeit zuzuwenden. Die alten Fachaufteilungen der Schulfächer

können die Erfordernisse der heutigen Welt nicht mehr in ihrer Vielfalt und ihrem Wandel spiegeln. Es besteht ein blindes Vertrauen darauf, dass selbst hoch spezialisiertes Schulfachwissen irgendwann und irgendwo schon einen Bedarf abdecken wird, aber im Gegensatz zu anderen Ländern verweigert das deutsche Schulsystem bis zum Abitur eine Abwahl von Schulfächern ebenso wie die Vertiefung von Wahlfächern nach Interessen und Neigungen. Um relevanten Themen für das Leben und damit auch der Nachhaltigkeit mehr Bedeutung zu verleihen, wäre eine radikale Reform notwendig: Die Einrichtung fachübergreifender Themen, die bisher starre Schulfächer ersetzen oder ergänzen. Die Nutzung anwendungsbezogener, experimenteller und untersuchender Methoden, um ein angemessenes Wissenschaftsverständnis aufbauen zu helfen, das wissenschaftliche Ergebnisse und Fake News kritisch unterscheiden helfen kann. Verstärkte Beschäftigung mit Wahrscheinlichkeiten, Risikoanalysen, Verhaltensbarrieren, die auch im Hinblick auf das eigene Verhalten reflektiert werden. Und insgesamt eine stärkere Partizipation der Betroffenen an der Auswahl dessen, was sie lernen sollen.

2. *Ein zu enges Methoden- und Kompetenzverständnis:* In Deutschland dominiert nach wie vor methodisch der Frontalunterricht. Dabei wird das Wissen recht schematisch vermittelt. Die Fachinhalte stehen alle in einem Nach- und Nebeneinander, aber der innere Zusammenhang, ein ganzheitliches Verständnis, wird auf Wissensvermittlung begrenzt, die zu wenig Kompetenzen des for-

schenden, eigenständigen und kreativen Lernens fördern. Kritisch an diesem System ist, dass zu viel in Textformen vermittelt wird. Quantität steht dabei zu oft vor Qualität. So meint man, ein gutes Konzept der Allgemeinbildung zu haben, obwohl es in der Praxis dann nur um Stückwerke von Wissen geht, die sich zu wenig im Kopf der Lernenden zu einem Kompetenz- und Anwendungsverständnis zusammenfügen. Schule sollte helfen, Probleme zu lösen, statt die Problemlösungen der Lehrkräfte oder Schulbücher bloß auswendig zu lernen. Vor allem im forschenden Lernen gibt es Defizite. Die Chancen eines exemplarischen, ganzheitlichen, auch experimentellen Lernens mit themenübergreifenden Frage- und Problemstellungen bleiben zu sehr ungenutzt. Für ein Verständnis in Fragen der Nachhaltigkeit ist dies jedoch unabdingbar.

3. *Zu wenig Anwendungsbezug:* Zudem führen die Addition von sehr viel Stoff und die methodische Engführung der Wissensvermittlung in diesem Ausbildungssystem dazu, dass die Oberflächlichkeit des Lernens dramatisch steigt und experimentelle oder anwendungsbezogene Vorgehensweisen erheblich abnehmen. Wissenschaftliches Arbeiten lernt man nicht durch die Reproduktion wissenschaftlicher Ergebnisse in Wissensabfragen, sondern nur durch exemplarisches eigenes wissenschaftliches Arbeiten, das die wissenschaftlichen Methoden in eigenen Erprobungen verständlich und überprüfbar machen kann. Eine radikale Reform bedeutet hier, dass es in wichtigen Grundfragen der Naturwissenschaften, der Technologie, Medizin und Gesundheit, der Nachhaltigkeit ebenso wie

der Wirtschaft, der Politik und für die größeren sozialen und gesellschaftlichen Fragen mehr und breitere Kompetenzen in Theorie und Anwendung geben sollte. Ein oberflächliches Niveau im Verständnis wird nur überwunden, wenn fallbezogen und konkret Probleme erforscht und begründete Ergebnisse erzielt werden. Ein hinreichendes Bewusstsein, um Fakten und Fake News zu unterscheiden, entsteht nur dann, wenn bei allen Lerninhalten ein Faktencheck, so weit möglich, immer eingebaut ist. Dies vor allem kann die Lernenden später vor populistischen Vereinfachungen und Verschwörungstheorien schützen.

> Wir brauchen ein radikal neues Schulkonzept!

Eine wissenschaftliche Expertenkommission jenseits aller Schulbürokratien und fachwissenschaftlicher Einzelinteressen, jenseits der Parteipolitik, aber unter Beteiligung der Lernenden und Eltern sollte eine Themenliste erarbeiten, die für eine neue Allgemeinbildung steht, wobei gemeinsame Grundkompetenzen (Pflichtthemen) von Kompetenzen nach Interessen und Neigungen (Wahlthemen) unterschieden werden. Ziel sollte zudem nach internationalem Forschungsstand eine Gemeinschaftsschule für alle sein, um die Chancen heterogener Lerngruppen über möglichst lange Zeiträume zu nutzen, wie es insbesondere Skandinavien erfolgreich durchführt. So könnte verhindert werden, dass viele Bildungschancen schon nach vier Schuljahren durch zu frühe Selektion in den Sackgassen der unteren Schulformen zerstört werden. Das gegliederte Schulsystem ist aufzugeben, es ist im Vergleich der Länder ohnehin ein deutscher Sonderweg, der keinerlei Beweise für eine bessere Effektivität erbracht hat.

Weiterhin sollte in der Öffentlichkeit verständlich werden, dass die heutige Schule nicht die Breite des vorhandenen Wissens abbilden kann, sie muss sich darauf konzentrieren, besonders Grundlagenwissen und ein Verständnis für das wissenschaftliche Arbeiten für grundlegende Probleme und existenzielle Fragen zu vermitteln. Lehrkräfte müssten kompetenter als bisher auf ihre Lernenden vorbereitet werden, um gut unterrichten zu können. Bisher verhindert die inhaltliche Dominanz der Fachwissenschaften ohne durchgehenden Schulpraxisbezug dies nach Breite, Umfang und Tiefe in der gegenwärtigen Ausbildung. Traditionell wird dies sogar verteidigt, indem die fachwissenschaftliche Qualität vor alle Beschäftigungen mit Fragen der pädagogischen Psychologie, der Lernforschung, Kommunikation und einer umfassenden Methodenausbildung gestellt wird. Eine radikale Reform bedeutet hier, das Verhältnis von fachlicher Spezialisierung und Grundlagenbildung vom Kopf auf die Füße zu stellen, indem statt 80 Prozent Nachabiturstoff in der Lehramtsausbildung jene Themen vertiefend vermittelt werden, die zu einem gelingenden Unterricht passend zum Schulstoff benötigt werden. Erfolgreiche Bildungsländer machen es so! Für Deutschland gilt: Wie kann es in einem Zeitalter des lebenslangen Lernens sein, dass die Lehrkräfte hierzu nicht umfassend pädagogisch-psychologisch ausgebildet werden? Wie kann es in einem Zeitalter schnellen Wandels und großer Herausforderungen sein, dass die Lehrpläne überwiegend mit Stoff aus der Vergangenheit oder Spezialwissen überfüllt sind und die wesentlichen Fragen der Gegenwart auslassen? Wie kann es sein, das Fragen der menschlichen Gesundheit, der Wirtschaft, sozialer Probleme, demokratischer Risiken, der Fake News, der Manipulation von Wissen und Meinungen, vor allem aber auch der Nachhaltigkeit, nicht im Zentrum der Schule stehen?

> Wir brauchen ein radikal neues Medienkonzept!

Auch wenn es eine Übertreibung ist, von einer durchgehenden Lügenpresse oder Gleichschaltung der Medien zu sprechen, ist es eine Tatsache, dass Medien vielfach beeinflusst sind und manche es mit der wissenschaftlich begründeten Wahrheit nicht sehr ernst nehmen. Selbst die öffentlich-rechtlichen Sender stehen unter dem Einfluss politischer Parteien und haben eine innere Schere im Kopf, die das regelt, was erlaubt, erwünscht und angemessen erscheint. Bei den privaten Medienbetreibern ist solcher Einfluss direkt durch die selektiven Interessen der Besitzer gesteuert. Informationen werden vor diesem Hintergrund medial als ein Gemisch aufbereitet, das vielfach durch Pseudo-Expertinnen, vereinseitigende Darstellung oder Dramatisierung von Details geprägt ist. Dabei kommt es zu Auslassungen wesentlicher Zusammenhänge, Betonungen von Extremen in einer Sensationslust, verstärkt tritt auch ein dualistisches Denken auf, das vermeintlich Klarheiten schaffen soll, aber oft nur Schwarz-Weiß-Denken bedeutet. Medien sind abhängig von einer Auflagensteigerung, was sie immer wieder in die Überbetonung der Abweichungen, einen Empörungsjournalismus bis hin zu Verschwörungen führt. Hinzu kommt, dass die Informationen eher in einem Nebeneinander beliebig präsentiert werden, was als plurale Meinungsverbreitung für demokratisch gehalten wird. Aber was wird in einem solchen System zur relevanten Nachricht? Während der Corona-Pandemie etwa sind die meisten anderen Themen in den Hintergrund getreten. Warum hat die Nachhaltigkeit als existenzielles Thema der Gegenwart nicht den gleichen Stellenwert erhalten? Die nachhaltige mediale Offensive, die wir benötigen, bedeutet eine Umkehr in den Medien selbst: ein Zurück zu einem recherchierenden, ehrlichen und Hintergründe aufdeckenden Journalismus, der zu selten geworden ist. Auch die öffentlich-rechtlichen Sender sind in der Pflicht, dies jenseits ihrer parteilichen Interessen der Aufsicht hinreichend demokratisch und jenseits von Parteilinien dem Publikum stärker als bisher anzubieten. Aus einem wissenschaftlich fundierten Journalismus, der Wahrscheinlichkeit und Notwendigkeiten klar benennt und nicht ständig relativiert, kann eine Umstellung der Meinungsbildung auf Wissenschaftlichkeit erwachsen.

> Wir brauchen eine freie und
> unabhängige Forschung!

Aber wie frei sind die Wissenschaften, um neutrale und objektive Ergebnisse jenseits von bloßen Wünschen oder selektiven Interessen zu erzielen? Wissenschaftlich begründete Ergebnisse lassen sich nicht einfach aus Objekten oder der Natur selbst ableiten, wie der allgemeine Menschenverstand gern annimmt. Der Regenwald ist zwar faktisch vorhanden, aber zugleich fügen ihm die Wissenschaften etwas hinzu, indem sie etwa standardisierte Verfahren der Beschreibung, Beobachtung, Analyse und Modellierung einsetzen. Diese Untersuchungsverfahren können deshalb solide und nachvollziehbare Ergebnisse hervorbringen, weil und insofern sie wiederholbar sind und zwischen verschiedenen Forschungsdisziplinen und -gruppen objektive Aussagen in Übereinstimmung treffen lassen. Das allein ist schon schwierig genug. Wenn aber diese Forschungen von Geldgebern mit bestimmten Erwartungen an die Resultate finanziert werden, weil Ergebnisse zum Vorteil bestimmter Interessen erwünscht sind, dann muss die Forschung um die Richtigkeit der Forschungsergebnisse bangen. Der wissenschaftliche Erfolg, der heute mehr und mehr daran gemessen wird, wieviel Geld selbst an öffentlichen Universitäten privat für die Forschung eingetrieben werden kann, steht in ständiger Versuchung, den eigenen Wahrheitsanspruch zu vergessen.

Vor diesem Hintergrund wird deutlich, dass eine grundlegende Wende in ein nachhaltiges Vorstellen und Denken als Voraussetzung eines nachhaltigen Handelns nur dann wird gelingen können, wenn es den Forschern und Forscherinnen um die Forschung selbst gehen kann. Ein erhoffter Wohlstandsnutzen oder wirtschaftliche Gewinne dürfen die Forschung nicht bestimmen. Analysieren wir etwa die gegenwärtige Praxis der Bemühungen um Nachhaltigkeit der Vereinten Nationen, dann ist eine Haltung zu erkennen, die den bestehenden Wohlstand fortführen will, um *mit* ihm und nicht *gegen* ihn den Klimawandel und den

Ressourcenschwund zu bremsen. Diese einseitige und von Wünschen und Erwartungen getragene Ausgangslage wird auch von den Medien bereitwillig verbreitet, aber sie ist eben auch irreführend. Denn das immer weiter gesteigerte Wachstum ist zugleich immer das Problem und erschwert die Lösung, kann sie sogar unmöglich machen. Die wissenschaftliche Forschung zeigt, wo mehr Nachhaltigkeit sofort erfolgen müsste, weil die Schäden größer als angenommen sind. Das wird vielen in Wirtschaft und Politik oder einer von ihnen finanzierten Wissenschaft nicht gefallen. Aber wir brauchen ehrliche Antworten!

Eine neutrale, möglichst objektive und der Nachhaltigkeit verpflichtete, nicht auf einseitige Wirtschaftsinteressen oder nationale Egoismen gerichtete Forschung wird immer notwendiger, um bisher vernachlässigte nachhaltige Probleme zu erkennen und Lösungen zu erarbeiten. Zugleich ist es auch notwendig, Ergebnisse wissenschaftlicher Forschungen in eine verständliche Alltagssprache zu übersetzen. Förderprogramme zu diesem Zwecke sind unausweichlich, wie auch der Schutz der Forschung vor Eingriffen durch Wirtschaft und Politik unabdingbar ist. Es muss vorrangig das erforscht werden, was nicht nur Gewinne bringt, sondern Nachhaltigkeit und Gesundheit von Menschen stärken kann. Die Ausrichtung wissenschaftlicher Karrieren und Honorierungen jenseits von Profitinteressen und individueller Bereicherung bedarf eines umfassend finanzierten öffentlichen Wissenschaftssystems, das eine Unabhängigkeit durch Einkommen und eine Freiheit der Forschung gewährt. *De jure* ist dies im deutschen Hochschulrecht festgeschrieben, aber *de facto* wird dies ständig dort hintergangen, wo Wirtschaftsinteressen ins Spiel kommen. Diesen Entwicklungen wurde der Weg bereitet, weil der Staat keine hinreichend umfassende Finanzierung eines freien Systems der Wissenschaften leistet und es damit in die Hände privater Drittmittel treibt.

Die Wertigkeit der Wissenschaft erhöhen

Zudem müsste eine solche unabhängige Wissenschaft auch bei der Umsetzung der Erkenntnisse in Gesetze und Regulierungen maßgeblich beteiligt sein, die Erkenntnisse dürfen weder in einzelnen Ländern noch von partikularer Politik umgedeutet werden, um nationale oder selektive Vorteile zu erzielen. Die Frage ist, ob sich die Menschheit solcher Vernunft unterwerfen kann und will oder ob der alte und bewährte Konkurrenzkampf um Vorteile gegen andere dominant bleibt. Der wissenschaftliche Weg kann ehrlich und objektivierend nur gelingen, wenn die Wissenschaft an allen Orten eine höhere Wertigkeit erhält, wenn sie als unabhängige Kraft geschätzt wird, wenn die Menschheit in ein wissenschaftliches Zeitalter wechselt und damit der vordergründigen materiellen Kultur des Konsums eine Strategie entgegensetzt, in der die Neugierde nach Erkenntnissen vor die Profanität immer weiterer Gewinne oder Konsumbedürfnisse gestellt wird.

Für die Nachhaltigkeit Partei ergreifen!

Nehmen wir alle Aspekte, die in diesen Forderungen genannt werden, zusammen, dann entsprechen Umweltparteien mit klarem ökologischem Profil ihnen am ehesten. Diese Parteiprogramme bedeuten aber leider noch nicht, dass die dort formulierten Forderungen auch umgesetzt werden: Oft wird die versprochene Priorisierung der Ökologie schnell vergessen, wenn die Parteien einmal an Macht gewinnen. So entsteht schnell eine Politik der leeren Worte, sobald es um die eigene Machtgewinnung oder den eigenen Machterhalt geht. Gegenwärtig überbieten sich viele Parteien in ihren ökologischen Versprechungen, um gleichzeitig dann die *Grünen* zu beschimpfen, weil sie angeblich zu viel wollen. Nicht wenige Nachhaltige sind von leeren Versprechungen frustriert und suchen deshalb außerparlamentarische Gruppen. Außerhalb von Parteien zu arbeiten und zu wirken, das ist ein wichtiges Korrektiv, um einen kritischen Druck auf Parteien auszuüben. Aber klar ist auch, dass die Nachhaltigkeit über die Parlamente auf nationaler Ebene bestimmt, verwaltet und in Richtung auf die Weltpolitik gesteuert wird. Deshalb dürfen die Nachhaltigen für den Kampf um mehr Nachhaltigkeit nicht den Gang durch die Institutionen, so mühsam er auch ist, scheuen, denn hier werden die Entscheidungen für alle getroffen!

Kämpfe für Gesetze, Vorschriften und Kontrollen im Sinne der Nachhaltigkeit!

Eine wesentliche und noch zu gering entfaltete Dimension ist es, dass der Staat durch Umwelt- und Gesundheitsgesetze, Vorschriften und Kontrollen aktiv und vorsorgend für Nachhaltigkeit sorgen muss, anstatt die Verantwortung auf das individuelle nachhaltige Handeln zu verlagern oder die Wirtschaft einfach nur machen zu lassen. Das Klima richtet sich nicht nach Aktienkursen, der Ressourcenschwund wird nicht geringer, wenn Menschen ihre Lebensweise luxuriöser gestalten, die Artenvielfalt nimmt nicht zu, wenn die Welt immer leichter zu bereisen ist. Die menschlichen Wünsche stehen im scharfen Gegensatz zur Umwelt, die sie erobern, zum Klima, das sie verändern, zu den Ressourcen, die sie verbrauchen, zu den Arten, die sie vernichten. Heute sind wir an einem Punkt angelangt, an dem klar wird, dass unsere Wünsche von der Umwelt abhängig sind, die wir zerstören: Wenn es keinen fruchtbaren Boden mehr gibt, von dem wir leben, keine Luft, die wir atmen, kein Wasser, das wir trinken können, werden auch alle anderen Wünsche unmöglich. Wir müssen unser Verhalten überdenken: Wenn unsere Kinder unser Zuhause mutwillig zerstören, so würden wir sie ermahnen und zu erziehen versuchen; wenn die Kinder uns aber fragen, *warum wir ihr Zuhause mutwillig zerstören*, dann zucken wir einfach mit den Schultern. Wir müssen endlich aufwachen und handeln: Erziehung, Wirtschaft, Ökologie völlig neu denken und einen Neuanfang wagen!

> Wir brauchen einen Nachhaltigkeitsvertrag!

Bisher fehlen der Menschheit aus ihrer liberalen Geschichte der letzten Jahrhunderte und dem Kampf der Wirtschaftslobbyisten heraus die durchsetzungsfähigen Instrumente, um Vorschriften und Kontrollen auf der Basis von Gesetzen und einklagbaren Rechten verbindlich zu machen. Bezogen auf Umwelt, Gesundheit und Nachhaltigkeit fehlt es national an einem Grundrecht, das weitere Vorschriften nach sich ziehen könnte.[3] Aber Grundrechte sind tückisch, denn jeder Mensch hätte heute schon ein Recht auf Gleichheit, das jedoch durch die Ungleichheit der Ausgangsbedingungen von vornherein unterlaufen wird. Gesetze und Vorschriften müssen sehr genau definieren, was Gesundheit und geschützte Umwelt im Einzelfall bedeuten, es müssen Grenzwerte bestimmt, erlaubte Abweichungen definiert, Strafen bei Verletzung festgelegt werden. Und all das wäre dann von einer nationalen Agenda auf eine weltweite Vereinbarung zu erweitern. Eine Utopie? Keinesfalls, denn diese Idee ist nicht unmöglich, sondern nur noch nicht umgesetzt. An der schnellen und zielorientierten Umsetzung der Corona-Maßnahmen wie auch der aufgebrachten Gelder lässt sich leicht ablesen, was alles möglich ist – auch wenn es vorher immer als unmöglich abgetan wird. Deshalb ist es wichtig, neue politische Mehrheiten zu gewinnen, um den Nachhaltigkeitsvertrag zu fordern.

> Wir brauchen Vorschriften, Kontrollen und Strafen!

Notwendig sind heute vor allem Umweltgesetze und mit ihnen verbundene Vorschriften, höhere Verbrauchs- und

---

3 So ein Grundrecht, wie es etwa die Initiative von Ferdinand von Schirach (»Jeder Mensch«, Luchterhand 2021) über neue europäische Grundrechte ausdrückt, könnte lauten: »Jeder Mensch hat das Recht, in einer gesunden und geschützten Umwelt zu leben.« Das müsste einklagbar werden.

Abgasnormen, ökologische Baunormen, Energiesparverordnungen, Vorschriften zum Schutz der Gesundheit, Regulationen in der Warenproduktion bei Rohstoffen, beim Energiesparen und ökologischer Verträglichkeit, bei Umweltgiften, beim Vertrieb aller Rohstoffe und Waren im Einklang mit der Umwelt, in der Entsorgung und in der Qualitätskontrolle aller Konsumgüter. In all diesen Bereichen sind Vorschriften notwendig, weil allein höhere Preise und Steuern nicht ausreichen, um schnell und breit genug eine Wende zu erzielen. Bei den besonders schädigenden Wirkungen auf die Nachhaltigkeit geht es darum, intensiv und kontinuierlich zu prüfen, dass Regeln der Nachhaltigkeit nach dem Stand der wissenschaftlichen Wirkungsforschung zur Ermittlung von Schädigungen eingehalten werden. Zu solcher Regulation gehört die Einrichtung unabhängiger wissenschaftlicher Institutionen, die einen Regelkanon von unbedingt zu vermeidenden, negativen nachhaltigen Wirkungen aufstellen und Normen darüber festlegen, was mit Verboten oder mit Grenzwerten versehen werden muss. Zugleich muss es effektive Kontrollen und sehr hohe Strafen bei Verletzung von Verboten und Grenzwerten für die Verursacher geben!

Was für Klimaneutralität sofort zu tun ist

Das Bundesverfassungsgericht hat 2021 der deutschen Politik einen klaren Auftrag für Klimaneutralität gegeben. Folgt man hier den Empfehlungen, die heute in der Klimadebatte vorliegen, dann sind einige Eckdaten unvermeidlich einzuhalten, sie entsprechen im Wesentlichen den Forderungen der Fridays for Future, Extinction Rebellion oder Greenpeace:

- Für ein klimaneutrales Deutschland müssten die Emissionen bis 2030 mindestens um 65 Prozent unter das Niveau von 1990 sinken. Besser wären 100 Prozent! Dies bedeutet einen umfassenden Umstieg auf erneuerbare Energien, gewaltige Investitionen in Technologien wie Wasserstoff und eine Elektrifizierung (allerdings nur mit Ökostrom) von Gebäuden und Verkehr, um den Verzicht auf fossile Brennstoffe zu forcieren.

- Darauf aufbauend müssten klimaneutrale Technologien eingesetzt werden, um möglichst schnell, aber spätestens bis 2045, weitere mindestens 95 Prozent bei der Senkung zu erreichen. Verbleibende Restemissionen sind durch das Auffangen und Ablagern von CO_2 mit klimatechnologischen Maßnahmen auszugleichen.

- Der nationale Weg allein aber reicht nicht, wenngleich Deutschland hier eine Vorreiterrolle – durchaus mit technologischen und wirtschaftlichen Vorteilen – übernehmen kann. International sind viele Maßnahmen zu ergreifen, die in die gleiche Richtung gehen. Importe und Exporte, Lieferketten und Handelsabkommen sind mit Pflichten zur Nachhaltigkeit zu verbinden, um sie weltweit durchzusetzen. Allerdings helfen Ziele allein nicht, um klimaneutral zu werden. Es müssen Maßnahmen ergriffen werden, die über klare Bepreisungen und Regulierungen die Zielerreichung in den Vordergrund bringen und Strafen bei Missachtung für alle Verantwortlichen in Wirtschaft und Politik festsetzen.

Zu bedenken bleibt aber auch, dass Nachhaltigkeit mehr als Klima ist. In allen Bereichen der Nachhaltigkeit wie etwa beim Ressourcenabbau, dem Artensterben, der Wasserverschmutzung und Vergiftung der Welt und anderen Problemen mehr sind Regulierungen und Eingriffe notwendig, die wissenschaftliche Einsichten priorisieren und über das Wunsch- und Machtdenken bestimmter Eliten und Gruppen stellen. Zudem muss der Produktion von Massenvernichtungswaffen durch Friedensbemühungen und internationale Verträge entgegengewirkt werden, anstatt ihre Anzahl immer weiter ansteigen zu lassen.

> Wir müssen den Lobbyismus begrenzen!

Das kapitalistische System hat kein Interesse an Nachhaltigkeit; ganz im Gegenteil: Ganze Scharen von Anwälten, Lobbyisten und Publizistinnen argumentieren unermüdlich für ein Immer-weiter-so. In den Diskussionen werden zwar zunehmend gutklingende Ziele proklamiert, aber die Argumente auf der Seite jener, die dann doch wirtschaftsfreundliche Lösungen favorisieren oder Ausnahmen erwirken, wiegen am Ende immer schwerer. Das liegt nicht daran, dass sie tatsächlich überzeugender wären, sondern daran, dass ihre Fürsprecher mehr Einfluss, mehr Macht und mehr Geld haben. Auf diese Weise wird dauerhaft ein notwendiger Wandel verhindert!

Ein Lobbyregister sollte und könnte dies unterbinden. Aber reicht das aus? Ist es nicht vielmehr längst an der Zeit, dass die demokratisch gewählten Institutionen sich dem höheren Wert des Allgemeinwohls in allen Fragen und vor allem in der Nachhaltigkeit verpflichten? Müsste es hierüber nicht insgesamt eine Einigung geben, die bei all der Unterschiedlichkeit der Parteiinteressen zumindest die Gewähr gibt, dass nicht unmittelbar einseitige Interessen gegen die Gesundheit, gegen eine Ökologie des Überlebens durchgesetzt werden? Und müssten die Bürgerinnen dies nicht auch bei Verletzung einklagen können?

Ein neuer Gesetzeskatalog, der Nachhaltigkeit konkret für erst einzelne Länder und dann später global für alle reglementiert, könnte endlich ein Ende mit den leeren Versprechungen machen! Wenn etwa in der Lieferkette erkennbar ist, dass Arbeiterinnen menschenunwürdig arbeiten und die Umwelt vergiftet wird, dann müssten nicht nur die Menschen in den fernen Ländern ein Klagerecht erhalten, sondern auch die Konsumenten gegen die Firmen klagen können, die solche Waren importieren. Er würde Nationen und langfristig auch die Weltgemeinschaft – durch international verbindliche Gesetze – zwingen, endlich verantwortlich auf allen Seiten zu handeln. Die gesetzgebenden Kräfte müssten sich dann auch darüber einigen, welche Möglichkeiten zur Kontrolle und Bestrafung sie wählen wollen. In einzelnen Nationen reichen dazu Mehrheiten. Aber um dies global zu erreichen, ist Einstimmigkeit innerhalb der Vereinten Nationen erforderlich, wobei diese dann auch ein exekutives Mandat erhalten müssten, um die Maßnahmen gegen alle durchzusetzen. Solange es das nicht gibt, solange belügen wir uns selbst. Wir hoffen, dass die Probleme verschwinden, wenn wir weiter warten oder kleine Fortschritte innerhalb einzelner Nationen erzielen. Wir belügen uns, wenn wir immer mehr beschließen, ohne es dann auch tatsächlich umzusetzen. Die Lüge besteht darin, dass wir im Alltag einfach weitermachen, das Ausmaß der Herausforderung weiterhin verdrängen wollen, keine institutionelle Autorität einsetzen, die klare Verbindlichkeiten ermöglicht. Wir beruhigen uns, wenn wir national eine Zunahme an Windrädern und Solarzellen feststellen, anstatt uns mit den global weiter steigenden Treibhausgasen zu beschäftigen. Dieses ständige Schönreden und Beruhigen müssen aufhören, jetzt werden ehrliche Taten benötigt! Das Grundrecht auf ein Überleben in einer nachhaltigen Umwelt ist ein Beginn. Daraus lassen sich viele weitere Rechte ableiten, die verbindlich zu erklären sind, damit wir unsere Überlebenschancen konkret – zumindest in den demokratischen Ländern – einklagen können. Und die demokratischen Länder müssen sich vor diesem Hintergrund deutlich stärker in den globalen Kampf um Nachhaltigkeit, besonders in den Handels- und Wirtschaftsbeziehungen, einbringen!

Kämpfe für eine öffentliche Infrastruktur, die umfassend die Nachhaltigkeit für alle stärkt!

Wasser, Energie und Transport sind sowohl Quelle als auch Träger der wirtschaftlichen Entwicklung, weil sie in der Produktion und Distribution, der Dienstleistung wie der Freizeit umfassend genutzt werden.

Rettet das saubere Wasser!

Wasser: Sauberes Leitungstrinkwasser ist als Lebensmittel für uns alle wesentlich, in Deutschland ist der Wasserverbrauch pro Person und Tag mit 122 Litern allerdings sehr hoch. Es ist eine Schwäche der Wasserversorgung, dass Trink- und Brauchwasser nicht unterschieden werden. So wird aus Trinkwasser Abwasser, für viele Wassernutzungen wird Trinkwasser verschwendet, wo Regen- und Brauchwasser vollkommen ausreichen würden. Im Haushalt und mehr noch im Gewerbe und der Industrie wird Wasser verschmutzt, vor allem durch Schadstoffe und Mikroplastik. Dem muss durch individuelle Verringerung des eigenen Wasserverbrauchs entgegengearbeitet werden, zugleich müssen Gewerbe und Industrie durch Vorschriften noch stärker Richtung Nachhaltigkeit reguliert werden. Der Wasserschutz in Deutschland ist besonders schlecht: Insbesondere wurden im Gegensatz zur verbindlichen EU-Richtlinie Kleingewässer aus der verpflichtenden Einhaltung der Umweltziele ausgenommen, die Umweltziele selbst wurden vielfach nicht begründet und Maßnahmen zur Erreichung nur unzureichend geplant. Im Ergebnis, so hat der Bund nachgewiesen, liegt Deutschland auf Platz 21 von 26 im europäischen Vergleich. Vor allem der Zuständigkeitskonflikt zwischen Bund und Ländern wirkt sich auf die Bestimmung der nachhaltigen Infrastruktur negativ aus, da in den nationalen Vorschriften nicht hinreichend erkennbar ist, wer Maßnahmen zur Verbesserung des Gewässerzustandes umsetzen muss. Ähnlich schlecht verhält es sich mit dem Schutz der Küstengewässer. Wir brauchen endlich eine einheitliche Vorgehensweise beim Schutz des Wassers!

> Setzt die Energiewende konsequent um!

Energie: Die Verwirklichung der Energiewende in Deutschland stagniert schon lange. In Befragungen sagt eine Mehrheit, sie sei zu teuer, die Umsetzung erfolge chaotisch, sie sei in der Bepreisung ungerecht, weil alle für die Industrie zahlen müssen, sie würde nur bei einer Minderheit positive Auswirkungen haben. Der Umbau auf Windenergie könnte schneller sein, bürokratische Hürden und fehlende staatliche Vorsorge bei den Stromtrassen sind bekannt. Umfragen haben ergeben, dass die Deutschen mehrheitlich höhere Stromkosten akzeptieren würden, wenn auch die Umlage gerechter wäre. Außerdem würden viele Photovoltaik bevorzugen, aber dieser Wandel wurde durch den Solardeckel und eine begrenzte Solarförderung politisch gebremst. Besonders negativ wirkt sich aus, dass der erhobene CO_2-Preis in den Bundeshaushalt und nicht gezielt in Projekte einer nachhaltigen Infrastruktur fließt. Wenn CO_2-Preise erhoben werden, dann dürfen sie nicht wirtschaftlich etwa für klimaschädliche Investitionen eingesetzt werden, sie müssten strikt nachweislich in die Nachhaltigkeit investiert werden. Die deutsche Regierungspolitik der letzten Jahrzehnte hinterlässt eine erschreckend schlechte ökologische Bilanz.

> Wir brauchen die Verkehrswende sofort!

Transport: In Bezug auf den Verkehr und Reisen müsste nachhaltige Mobilität unterstützt, umweltschädliche verteuert werden. Alle politischen Parteien wissen heute im Grunde, dass insbesondere der Individualverkehr durch mehr und preiswerten öffentlichen Nahverkehr gebremst werden kann. Eine emissionsbasierte Verkehrssteuerung mit Tempolimit und Fahrverboten, eine Sperrung der Innenstädte für Autos könnten hohe Auswirkungen auf die Verringerung der Treibhausgase erzielen. Aber oft buhlen Parteien um Wählerinnen und verschweigen die ökologischen Wahrheiten. Insgesamt bedarf es auch einer kostenintensiven Stärkung energieeffektiver Technologien, der Errichtung von Passivhäusern, einer Sanierung des Altbestandes und anderer Maßnahmen, die helfen, die Nachhaltigkeit zu stärken. Im Zeitalter der Digitalisierung sollten auch unnötige Wege durch verstärktes Arbeiten im Homeoffice verringert und Vereinfachungen der Verwaltung durch Digitalisierung gefördert werden. Dabei ist es wichtig, den erhöhten Stromverbrauch durch den stärkeren Ausbau der regenerativen Energien zu kompensieren. Eine durchgehende regenerative Energiegewinnung ist in der Infrastruktur notwendig, um den auch im Nachhaltigkeitszeitalter vorhandenen Energiehunger zu sättigen. In der Gesetzgebung ist das Allgemeinwohl deutlich stärker gegenüber den Privatinteressen zu betonen, damit die Infrastruktur breit genug und ohne ständige Einsprüche ausgebaut werden kann.

Solche Infrastrukturen sind Aufgabe der Länder und des Bundes. Allein bei Wahlen kann eine Umsteuerung in der Politik erreicht werden. Alle Nachhaltigen sind aufgefordert, in den Parteiprogrammen zu erkennen, wo leere Versprechungen stehen, wie bisher von wem die Infrastruktur schlecht ausgebaut oder vernachlässigt wurde, wer die schlechten Bilanzen verantwortet, wie erreicht werden kann, dass es in Zukunft besser wird.

Kämpfe für Bepreisungen aller nicht-nachhaltigen Konsumgüter und Dienstleistungen!

Neben einer notwendigen Regulierung durch Vorschriften und Gesetze ist eine Bepreisung der fehlenden Nachhaltigkeit notwendig. In einer kapitalistischen Gesellschaft hat der Preis einen entscheidenden Einfluss auf das Kaufverhalten. In diesem Sinne müsste der Preis der schädlichen Dinge in dem Maße höher werden, in dem menschliches Verhalten der Umwelt, dem Klima, den Ressourcen der Welt und allen anderen Nachhaltigkeitsfaktoren schadet. Bei Produkten mit besonders schädlichen Auswirkungen sollte es zudem staatliche Verbote geben.

Preise sind für alle gleich und scheinen also gerecht zu sein. Aber sie sind es nicht, weil die Möglichkeit, sie zu bezahlen, von dem Geld abhängt, das gesellschaftlich sehr ungleich verteilt ist. Nehmen wir Flugreisen, die unter den derzeitigen Bedingungen besonders klimaschädlich sind. Eine vernünftige, nachhaltige Politik müsste Flugreisen sehr hoch besteuern und sie dadurch eindämmen. Zugleich wären umweltverträglichere Alternativen zu fördern und mit niedrigen Preisen zu versehen. Eine solche Maßnahme wäre aber zutiefst ungerecht für viele Menschen. Die, die bisher schon die Welt bereist haben, können sich entspannt zurücklehnen und sagen, gut, das alles habe ich schon gesehen. Aber jenen, die erst noch reisen wollen, die die Welt in ihrer Vielfalt erst noch entdecken möchten, würde mit teuren Flugreisen ein Verbot und Verzicht auferlegt werden. Das wird ihnen als ungerecht erscheinen. Und zugleich werden mit hohen Bepreisungen die Reichen wieder übervorteilt, denn sie können sich beispielsweise schon heute die für andere unerschwingliche erste Klasse leisten. Mit solchen Ungerechtigkeiten werden die Menschen in der Nachhaltigkeit jedoch leider leben müssen, weil es heute einfach keine Alternative gibt, wenn wir unseren Planeten noch retten wollen. Ein faires Verteilungssystem bei der Verteuerung und Verknappung der Möglichkeiten, ein System der Bezuschussung und des Ausgleichs könnte in Zukunft zum Programm von politischen Parteien werden, die hier nach einem sozialen Ausgleich suchen wollen. Weiter unten wird als Lösung angeboten, ein faires Steuersystem in Verbindung mit den höheren Preisen einzusetzen. Gleichwohl wird die Menge schädlicher Handlungen strikt begrenzt werden müssen.

Es ist klar, dass die Menschen mit niedrigem Einkommen im bestehenden System die Nachhaltigkeitskosten nicht allein werden schultern können. Aber ebenso klar ist, dass die Verteilung des vorhandenen Reichtums schon länger völlig ungerecht erfolgt, es also viel Spielraum für Umverteilungen gibt. Höhere Löhne und bessere Einkommen der sozial bisher Benachteiligten sind notwendig, um die höheren Preise bezahlen zu können. Um Nachhaltigkeit für alle fair zu erreichen, wird es einer Reform des gesamten Verteilungssystems bedürfen, und die Reichen und Superreichen werden stärker beteiligt werden müssen!

Festlegung ökologisch schädlicher Warenkörbe

Wie sollten nachhaltige Preise gebildet werden? Bevor die Nachhaltigkeit bepreist werden kann, bedarf es unabhängiger wissenschaftlicher Festlegungen, wie viel fehlende Nachhaltigkeiten in einzelnen Warenkörben stecken. Die betroffenen Konsumgüter müssten umfassend klassifiziert und in ihrer Nachhaltigkeit zertifiziert werden. Zwar werden die Produzenten sagen, dass dies unmöglich, ungerecht und gar nicht berechenbar sei, aber in der Nachhaltigkeit gilt kein ökonomischer, sondern ein ökologischer Grundsatz: Jedes Produkt hat unabhängig von seinen Herstellungskosten und Verkaufspreisen eine ökologische Bilanz, die mit wissenschaftlicher Objektivität bestimmt werden kann, um als zertifizierter Ausgangswert jeder Preisbildung zugrunde gelegt zu werden. Analog dazu, wie der Energieverbrauch eines Geräts in einer Tabelle sichtbar wird, könnten alle Konsumgüter ein Label ihrer Nachhaltigkeit tragen.

Drei Maßnahmenkomplexe sind unvermeidlich, wenn die fehlende Nachhaltigkeit besiegt werden soll:

Erstens eine Erfassung aller Produkte, die besonders schädlich für die Treibhausgase und andere Aspekte der fehlenden Nachhaltigkeit sind. Die Erfassung und Bestimmung müssen unabhängig von Wirtschafts- und nationalen Interessen erfolgen und in der Folge zur Zertifizierung von ökologischen Produkten, Kennzeichnung von Umweltqualität wie Umweltsiegel und Nachhaltigkeitsbilanzen der betroffenen Produkte und Dienstleistungen dienen, um diese daraufhin mit Auf- oder Abschlägen in der Preisbildung zu versehen. Neben der Mehrwertsteuer könnte etwa eine Umweltsteuer für einzelne Schädigungsklassen ansteigend die Preise erhöhen. Der bisherige Emissionshandel ist dabei ein unzureichendes Instrument, weil er die Lasten in der Welt zu wenig nach überprüften ökologischen Gesichtspunkten und ungleich verteilt. Im Resultat der einzelnen Bestimmungen könnten die durch Aufschläge generierten Einnahmen dann gesetzlich geregelt in den Umwelt- und Naturschutz, etwa in die Aufforstung, über den Staat zurückfließen. Der erhöhte Preis ist für die Konsumenten zugleich eine Chance, durch die Verwendung eines Teils des Preises die negativen Wirkungen ihres Konsums auszugleichen.

Zweitens eine Bepreisung der Verschmutzung und Umweltvergiftung der Welt. Je höher die Schadstoffgrenzen überschritten werden, desto höher die Preise. Wenn die Grenzen stärker überschritten werden, dann sollte das mit hohen Geld- bis hin zu Gefängnisstrafen geahndet werden. Bepreist werden müssen auch die Zersiedelung und Versiegelung, Verletzungen im Arten- und Wasserschutz und beim Ressourcenverbrauch für nicht regenerierbare

Rohstoffe. Die fehlende Nachhaltigkeit ist in den einzelnen Produkten oft nicht unmittelbar sichtbar, sie kann aber in ihrem Wirkungsgrad festgestellt und auch hier mit Zuschlägen nach Schädigungsklassen versehen werden. Zugleich müssten nachhaltige Alternativen verbilligt und gefördert werden, um eine alternative Produktion und Lebensweise zu stimulieren.

Drittens ließe sich auch eine menschenwürdige Arbeit oder Bezahlung in den Produktionsländern durch Zuschläge und eine Zertifizierung der fairen Produktion erreichen. Dies würde alle Länder zwingen, eigene Verbesserungen einzuleiten. Ein Klagerecht auf Nachhaltigkeit und Fairtrade in den Wohlstandsländern gegen die Firmen, die an solchen Produkten verdienen, wäre effektiver, als darauf zu warten, dass sich an den Ursprungsorten mit schlechten Produktionen etwas ändert. Um global im Sinne von Menschenwürde und nachhaltigen ökologischen Produktionen zu wirken, müssen wir national einklagbare Rechte erstreiten, die wir gegen eine zu liberale Wirtschafts- und Lobbypolitik durchsetzen können.

Soziale Sicherung der ärmeren Menschen

Die notwendige Bepreisung von nicht-nachhaltigen Gütern würde für die Einkommensschwachen gegenwärtig eine kaum zu stemmende Belastung bedeuten. Das heißt aber keinesfalls, dass sie nicht möglich ist – sie ist absolut unumgänglich! –, vielmehr heißt es, dass diese Menschen ein Einkommen erhalten müssen, das die höheren Kosten der Nachhaltigkeit auffangen kann. Der Kampf um mehr Nachhaltigkeit wird in der Bepreisung zu einem Kampf um soziale Sicherung für die Mehrheit der unteren Lohngruppen und Einkünfte. In der Nachhaltigkeitsdiskussion gibt es zahlreiche Ideen, wie dies erreicht werden könnte. Zunächst müssten die Löhne oder das Grundeinkommen in der sozialen Sicherung an die Kosten für den aktuellen nachhaltigen Warenkorb angepasst werden. Ohnehin steht aus, dass die soziale Schieflage in den Einkommen ausgeglichen wird, denn gesellschaftlich hat sich ein Niedriglohnsektor ausgebreitet, der viele Menschen in prekäre und unwürdige Arbeits- und Lebensverhältnisse treibt. Wenn durch Bepreisung eine nachhaltige Wende angestrebt wird, dann ist eine sozial-ökonomische Reform der Löhne und Einkommen besonders bei den prekären Verhältnissen unausweichlich. Die Nachhaltigkeitskrise hält der Gesellschaft einen Spiegel ihrer ökonomischen Schieflage vor!

Kämpfe für ein Rechts- und Steuersystem, das Nachhaltigkeit belohnt!

Wenn die Nachhaltigkeit gelingen soll, dann bedarf es einer radikalen Umkehr, eines Rechts- und Steuersystems, das klar die Nachhaltigkeit priorisiert. Wenn die Menschheit überleben will, dann muss sie dies zunächst national als Vorbild für andere, aber möglichst schnell auch international und global vereinbaren. Es gab in der Geschichte des Kapitalismus schon viele Ideen, wie eine Besteuerung durchgeführt werden könnte, um mehr soziale Gerechtigkeit zu erzielen. Radikal war die Idee im »Kommunistischen Manifest«, das Grundeigentum zu enteignen, um es für soziale Gerechtigkeit zu nutzen. Bei einem sehr hohen Anteil von Eigentum an Grund und Boden in den kapitalistischen Ländern, der teilweise über 50 Prozent der Bevölkerung mit Eigentumswohnungen oder Reihenhäusern betrifft, ist eine solche Revolution heute noch unwahrscheinlicher, als sie es schon vor über 150 Jahren bei sehr viel niedrigeren Eigentumswerten war. Die Abschaffung des Privateigentums ist immer eine Illusion geblieben, weil sie an das menschliche Grundbedürfnis nach Wohlstand rührt. Realistischer wäre da schon eine progressive Steuer, bei der die Reichen mehr als die Ärmeren zahlen. Aber auch diese ist selbst in jenen Ländern, die am stärksten einen sozialen Ausgleich anstreben, wie etwa Skandinavien, stets sehr zurückhaltend ausgefallen. Und eine staatsmonopolistische Zentralisierung von Produktion, Transport, der Agrarwirtschaft und vieler anderer Aspekte des Wirtschaftslebens hat durch alle Versuche sozialistischer Länder deutlich vor Augen geführt, dass selbst bei radikalen Umverteilungen und Staatseigentum neue Machteliten auftreten, die schnell zuvor erkämpfte bürgerliche Freiheitsrechte außer Kraft setzen. Heute erscheint es als weniger radikal, aber notwendig, die unanständig hohen Einzelvermögen der Superreichen mehr abzuschöpfen und diese in die Allgemeinheit zurückzuführen.

Für ein gerechteres Steuermodell

Wenn es um die Kosten der Nachhaltigkeit geht, greift eine einfache Logik: Selbst Unternehmen, die über lange Zeit enorme Gewinne gemacht haben, sollen nicht überbelastet werden, denn davon hängen ja Arbeitsplätze ab. Immer soll es gerechter scheinen, dass alle nach dem Anteil der historisch gegebenen Steuerlast zahlen. Die beginnt in Deutschland bei 28 Prozent des Einkommens schon bei sehr niedrigem Verdienst und endet bei 44 Prozent bei den besserverdienenden Menschen, was ein lineares Modell darstellt, das die hohen Einkünfte deutlich besser als die niedrigen stellt. Besonders die Großverdiener profitieren so über alle Maße. Hinzu kommen Einkünfte aus Aktien oder Firmenübertragungen, die nur mit 25 Prozent besteuert werden, was Gewinne aus Spekulationen und verzweigten Firmenkonstruktionen besonders attraktiv macht. Das Modell ist so konfiguriert, dass es zwingend dazu führt, dass die Schere zwischen Arm und Reich anwachsen muss. Weder mehr soziale Gerechtigkeit noch die Förderung einer nachhaltigen Lebensweise sind grundsätzlich als Zielperspektive vorgesehen. Wenn Politiker vor dem Hintergrund dieses Modells soziale Gerechtigkeit versprechen und kein neues Modell vorlegen, dann täuschen sie die Öffentlichkeit. Sie verstetigen eine völlig ungerechte Ausgangslage!

> Die ärmeren Menschen entlasten

Die sozial ungelösten Probleme kehren in der Nachhaltigkeit alle zurück, die Lage für die ärmeren Menschen verschärft sich bei steigenden Kosten. Steuern können Anreize etwa für regenerative Energien oder gegen einen hohen CO_2-Ausstoß setzen. Aber das reicht nicht aus. In der Nachhaltigkeit müsste ein Steuersystem entstehen, das die Kosten nicht überwiegend den ärmeren oder durchschnittlichen Einkommensschichten auflastet, weil diese bei ständig steigenden Preisen der Nachhaltigkeit dann den Wandel verweigern würden. Um die Nachhaltigkeit zu finanzieren, ist eine Steuerprogression erforderlich, die den Reichen noch einen hinreichenden Anreiz für Gewinne lässt, aber die derzeitige Kluft zwischen Arm und Reich wieder verkleinert. Ein Steuersystem, das durch zu geringe Besteuerung und die zahlreichen Möglichkeiten zur Steuerflucht und -vermeidung bei hohen Einkünften ständig nur die Gewinnmaximierung fördert, ist durch ein System zu ersetzen, das fairer und gerechter ist. Gewinne aus der Produktion sollten geringer als Gewinne aus der Spekulation besteuert werden, um Arbeitsplätze zu fördern. Dabei sollte zugleich die Nachhaltigkeit besonders belohnt und Reinvestitionen in Nachhaltigkeit als Gewinnstrategie gefördert werden. Es könnte auch ein steuerfreies Grundeinkommen geben, das an einen ökologisch verträglichen Warenkorb gebunden wird. Wenn die Gesellschaft es nicht schafft, durch ein gerechteres Steuersystem eine faire Verteilung der Lasten der Nachhaltigkeit zu erreichen, dann scheitert sie sehr schnell oder wird in faule Kompromisse getrieben. Um im einfachen Schema zu bleiben: Die Feinde der Nachhaltigkeit und sozialer Gerechtigkeit sind einfach reicher, mächtiger, politisch durchsetzungsstärker.

Höhere Besteuerung der Reichen

Die Kluft zwischen Arm und Reich lässt sich maßstabsgetreu bemessen: Wenn ein Chef das Zehnfache verdient, so mag dies noch verständlich sein, wenn der Aufwand ein zehnfacher war, um die Position zu erreichen. Aber bei einem 100- oder 1000-fachen Einkommen ist es schwer vorstellbar, dass der Aufwand noch als Maßstab dient. Wenn dann noch alle nach Steuersätzen zahlen, die nicht ebenso wie die überhöhten Einnahmen nach oben ansteigen, dann wird die Kluft zwischen Arm und Reich systembedingt immer weiter vergrößert. Je stärker die Bepreisungen für Nachhaltigkeit ansteigen, desto relevanter wird die Frage nach der grundsätzlichen Besteuerung der Reichen. Der Unterschied zwischen Arm und Reich ist auf unfaire Weise angewachsen, der Reichtum sehr weniger Menschen ist unvorstellbar groß geworden. Dies bedeutet nicht, dass alle Reichen enteignet werden sollten, sondern dass wir wieder ein begründetes Maß an Gewinnerwartung in die Märkte geben müssen, um die übertriebene Gier der Gegenwart auszubremsen. Investitionen sollen sich lohnen, aber die neoliberale Zweckfreiheit aller Gewinne hat uns in eine immer stärkere und auf Dauer äußerst problematische gesellschaftliche Spaltung geführt. Die Lasten der Nachhaltigkeit sind eine große gesellschaftliche Chance, hier gegenzusteuern und den Mehrheiten ein Gefühl von sozialer Fairness zurückzugeben. Es gilt, ein hohes Maß an sozialer Intelligenz aller Akteure sowohl national als auch global anzustreben, um faire Lösungen zu finden. Denn wie soll ein Denken in Maßstäben von Nachhaltigkeit und Allgemeinwohl einsetzen, wenn nicht sofort die Gier endlich besteuert und dadurch gemäßigt wird?

Höhere Belohnung der Nachhaltigkeit

Initiativen für nachhaltige Produktion, für fairen Handel und ein nachhaltiges Konsumieren hingegen sollten eine steuerliche Entlastung erfahren, um hinreichend Anreize für solche Warenproduktion und Konsumgüter zu setzen. Dies kann und muss die Bepreisung flankieren, um die Konsumgüter nicht über alle Maßen zu verteuern, deren Verbreitung im Sinne einer ökologischen Transformation erwünscht ist.

IV EMPÖRT EUCH, LEISTET WIDERSTAND, STELLT FORDERUNGEN!

Stéphan Hessel hat 2010 erklärt, warum es an der Zeit ist, sich zu empören und den Widerstand zu wagen. Wenn er uns in seiner kleinen Schrift »Empört euch!« zuruft, dass wir uns gegen einen gierigen, menschenverachtenden, weil die Menschenrechte nicht hinreichend achtenden, egoistischen und umweltzerstörenden Kapitalismus, der Freiheit und Gleichheit nur noch als eine leere Hülle proklamiert, zur Wehr setzen müssen, dann trifft er den Nerv unserer Zeit.

> Nachhaltige, empört euch!

Nachhaltigkeit ist heute, praktisch gesehen, trotz der *Grünen Bewegung* eher das Ideal einer *noch* zu kleinen Freundesgruppe, das zwar angestrebt wird, aber keine Tatsache, auf die wir uns sicher berufen könnten, nur weil mehr als früher darüber gesprochen und geschrieben wird. Die leeren Versprechen in Bezug auf die Nachhaltigkeit, so folgern die Fridays for Future richtig, müssen überwunden werden, es ist empörend, wie heute die Menschheit getäuscht wird und sich täglich selber täuscht! Ein wirklicher Ausgleich mit der Natur, eine halbwegs ausgeglichene Balance zwischen Menschen und Ökosystem, ist leider immer noch eine bloße Traumvorstellung, die im Grunde der gesamten bisherigen Geschichte der Menschheit, die Natur wie Umwelt als unendlichen Vorrat ansieht, zuwiderläuft. Wer die leeren Versprechen bekämpft, der findet sich gegenüber einer Mehrheit von Regierungen wieder, die den Menschen eher ein noch irgendwie überlebbares Ungleichgewicht zwischen Wirtschaft und Ökologie anbieten. In diesem Ungleichgewicht könnten zumindest die reicheren Menschen der reicheren Länder ihre Überlebenschancen bei möglichst maximaler Befriedigung ihrer Bedürfnisse noch länger erhalten. Schwieriger ist das Überleben für die Ärmeren, weil ihnen die Ressourcen für eine Vorsorge fehlen. Insgesamt werden in Zukunft aber alle, die es schaffen zu überleben, sagen, dass die schönsten Zeiten in der Vergangenheit gelegen hätten.

Nur ein gemeinsames, weltweites Handeln, eine Priorisierung von nachhaltigen Vorgehensweisen wird helfen, die Position des Abwartens und des Beharrens auf eigenen Vorteilen zu überwinden. Macht allen klar, dass die vermeintlichen Vorteile aufgeschobener nachhaltiger Handlungen auf Dauer Nachteile für alle bedeuten!

Schließt euch Bewegungen an, formiert eigene!

Die Fridays for Future sind eine Bewegung, die klare, kurze und zielführende Forderungen stellen. Sie fordern die Einhaltung der Ziele des Pariser Klima-Abkommens und damit des 1,5-Grad-Ziels. National verlangen sie für Deutschland, dass der Kohleausstieg schneller erfolgt, als es die Regierung will. Sie stellen keine radikalen Forderungen, es sind notwendige und realistische, durch die Wissenschaften begründete Einsichten, kurzfristige Ziele. Über 27 000 Wissenschaftlerinnen und Wissenschaftler unterstützen dies (https://www.scientists4future.org/). Auch wenn manche Gruppen wie Extinction Rebellion, Greenpeace und andere teilweise noch schnellere oder schärfere Maßnahmen fordern, so zeigt die gegenwärtige Politik, dass sie der Wissenschaft noch immer nicht weitreichend genug vertraut und die eigene Meinung und Wirtschaftsinteressen überschätzt. Auch in Deutschland gibt es nur ein begrenztes Zeitfenster, das zur Umsteuerung bleibt.

Es macht vor dem Hintergrund der Dringlichkeit eines Wandels wenig Sinn, wenn die Nachhaltigen sich über einzelne Aspekte der Nachhaltigkeit streiten und dabei die eigentlichen Gegner aus den Augen verlieren. Wir müssen die Uneinigkeit innerhalb der Nachhaltigkeitsbewegungen unbedingt überwinden! Es sollten umgehend die Gemeinsamkeiten zwischen den verschiedenen Aktivistinnen auch in Bezug auf die unterschiedliche Reichweite und Radikalität ihrer Programme betont werden! Aber zugleich darf die Radikalität des notwendigen Wandels nicht erneut Interessen bestimmter Gruppen geopfert werden. Die Wirtschaft und das selektive Interesse derjenigen, die von der bestehenden Nicht-Nachhaltigkeit profitieren, werden sich dem Wandel so lange widersetzen, wie sie nicht gezwungen werden, sich neuen Mehrheiten zu stellen.

Nachhaltige, empört euch und bildet neue Mehrheiten! Zu diesem Zweck versammelt euch, diskutiert euer Vorgehen zu jeder Zeit und an jedem Ort: Handelt und kämpft für die Nachhaltigkeit, um der Menschheit eine Zukunft zu geben!

Uns Nachhaltige eint alle das eine, gemeinsame Ziel: Wir wollen unseren Planeten retten! Wir sind viele, Hunderte, Tausende, Millionen, und es ist uns ernst! Mögen all die Gierigen, Gedankenlosen und Egoistischen vor uns zurückweichen, mögen sie unseren Mut und unsere Entschlossenheit erkennen! Die Menschheit steht heute kurz davor, *alles* zu verlieren – aber es gibt noch Hoffnung, es gibt noch: *»eine Welt zu gewinnen«*!

Nachhaltige aller Länder, vereinigt euch!